MARCO POLO

KAMBODSCHA

MARCO POLO AUTORIN
Martina Miethig

Allein in Angkor Wat. 1994 war's! Okay, man war zu fünft. Eine große Wochenzeitung „montierte" zwei Backpacker in ihr Angkor-Foto hinein, weil's so menschenleer war. Die gelernte Journalistin und Asienspezialistin *(GeckoStories.com)* erlebt seitdem Kambodschas rasante Zeitreise mit, berichtete über Staatsstreiche und Minenräumer und packte als Hochzeitsgast bei der buddhistischen Haarschneidezeremonie mit an.

GRATIS

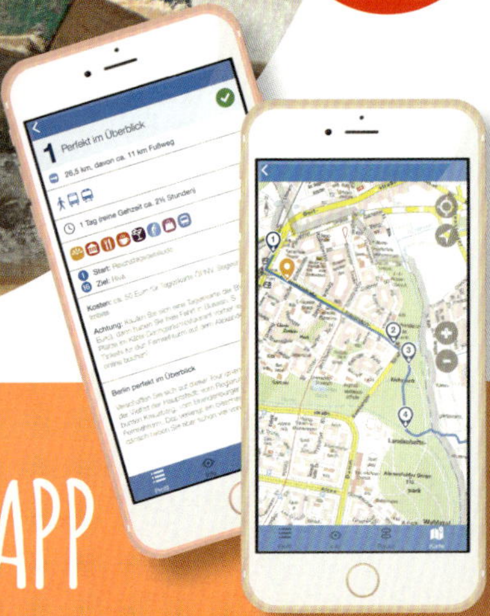

DIE TOUREN-APP

zu den Erlebnistouren zeigt, wo's langgeht: inklusive Tourenverlauf und Offline-Karte

EVENTS & NEWS

Schnell die wichtigsten Infos auf dem Smartphone: Events, News, neue Insider-Tipps und ggf. aktualisierte Erlebnistouren als PDF zum Downloaden

HOLEN SIE MEHR AUS IHREM MARCO POLO RAUS!

SO EINFACH GEHT'S!

1 go.marcopolo.de/kam

2 downloaden und entdecken

GO!

OFFLINE!

6 **INSIDER-TIPPS**
Von allen Insider-Tipps finden Sie hier die 15 besten

8 **BEST OF ...**
- Tolle Orte zum Nulltarif
- Typisch Kambodscha
- Schön, auch wenn es regnet
- Entspannt zurücklehnen

12 **AUFTAKT**
Entdecken Sie Kambodscha!

18 **IM TREND**
In Kambodscha gibt es viel Neues zu entdecken

20 **FAKTEN, MENSCHEN & NEWS**
Hintergrundinformationen zu Kambodscha

26 **ESSEN & TRINKEN**
Das Wichtigste zu allen kulinarischen Themen

30 **EINKAUFEN**
Shoppingspaß und Bummelfreuden

32 **PHNOM PENH & DIE KÜSTE**
33 Kampot
37 Kep
40 Phnom Penh
50 Sihanoukville

56 **ANGKOR & SIEM REAP**
57 Angkor
70 Battambang
73 Siem Reap

SYMBOLE

- INSIDER TIPP Insider-Tipp
- ★ Highlight
- ●●●● Best of ...
- Schöne Aussicht
- Grün & fair: für ökologische oder faire Aspekte
- (*) kostenpflichtige Telefonnummer

PREISKATEGORIEN HOTELS

€€€	über 100 Euro
€€	40–100 Euro
€	unter 40 Euro

Die angegebenen Preise sind Mindestpreise im jeweiligen Haus für ein Doppelzimmer pro Nacht

PREISKATEGORIEN RESTAURANTS

€€€	über 10 Euro
€€	5–10 Euro
€	unter 5 Euro

Die Preise gelten für eine Mahlzeit pro Person, ohne Getränke

 Titelthemen: Im göttlichen Angkor Wat S. 62 | Zu Gast auf der Insel Koh Trong S. 90

84 **ENTLANG DES MEKONG**
85 Ban Lung (Ratanakiri)
90 Kratie
93 Sen Monorom (Mondulkiri)
96 Stung Treng

98 **ERLEBNISTOUREN**
98 Kambodscha perfekt im Überblick 103 Unterwegs im tiefen Süden 106 Auf der Spur der Khmer- Könige 110 Von Art déco bis New Khmer in Phnom Penhs Altstadt

114 **SPORT & WELLNESS**
Aktivitäten und Verwöhnprogramme zu jeder Jahreszeit

118 **MIT KINDERN UNTERWEGS**
Die besten Ideen für Kinder

120 **EVENTS, FESTE & MEHR**
Alle Termine auf einen Blick

122 **LINKS, BLOGS, APPS & CO.**
Zur Vorbereitung und vor Ort

124 **PRAKTISCHE HINWEISE**
Von A bis Z

130 **SPRACHFÜHRER**

134 **REISEATLAS**

146 **REGISTER & IMPRESSUM**

148 **BLOSS NICHT!**

GUT ZU WISSEN

Geschichtstabelle → S. 14
Spezialitäten → S. 28
Lesehunger & Augenfutter → S. 52
Von Apsaras, Lingas und Nagas → S. 66
Authentisch reisen → S. 112
Feiertage → S. 121
Währungsrechner → S. 125
Was kostet wie viel? → S. 126
Wetter → S. 128

KARTEN IM BAND
(136 A1) Seitenzahlen und Koordinaten verweisen auf den Reiseatlas
(U A1) Koordinaten für die Karte von Phnom Penh im hinteren Umschlag
Es sind auch die Objekte mit Koordinaten versehen, die nicht im Reiseatlas stehen
Detailkarten Angkor Wat und Angkor Thom → S. 142–143
Karte Siem Reap → S. 143

(*A–B 2–3*) verweist auf die herausnehmbare Faltkarte
(*a–b 2–3*) verweist auf die Zusatzkarte auf der Faltkarte

UMSCHLAG VORN:
Die wichtigsten Highlights

UMSCHLAG HINTEN:
Karte von Phnom Penh

Die besten MARCO POLO Insider-Tipps

Von allen Insider-Tipps finden Sie hier die 15 besten

INSIDER TIPP „Rubbel"-Souvenirs aus Angkor
Billig, originell und schön – die *Temple-Rubbings-Drucke* sind eine prima Deko für zu Hause und lassen sich gut im Koffer verstauen → S. 31

INSIDER TIPP Auf Schleichwegen zu den Tempeln
Die schweißtreibenden *Off-Road-Radtouren* in Angkor abseits der Massen sind nicht nur gut für die eigene Fitness, sie dienen auch einem guten Zweck → S. 59

INSIDER TIPP Zeitreise nach Shanghai
Genießen Sie den Abend im fabelhaften *Chinese House* – angesagte Bar, Club und Galerie in Phnom Penh → S. 47

INSIDER TIPP Seele baumeln lassen
Rein in die Hängematte und bei Meerblick sich sanft hin und her wiegen lassen: Das einzige *Resort auf der Insel Kho Tmei* bei Sihanoukville gehört zwei Deutschen und vielen Haustieren → S. 55

INSIDER TIPP Insulaner-Dasein
Abhängen und die Ruhe genießen: Wie wäre es mit einem Aufenthalt auf den Inseln *Koh Ta Kiev* und *Rong Samloem*? → S. 51

INSIDER TIPP Zauberhafter Zirkusrummel
Kinder und Jugendliche, darunter viele Waisen und Straßenkinder, werden zu Clowns, Magiern und Artisten ausgebildet, gestalten eine *eigene Show* – und gehen zudem brav in die Schule → S. 71

INSIDER TIPP Reisen wie die Khmer
Man packe einfach einen Dieselmotor auf ein Bambusgestell – und schon fertig ist der *Bamboo Train* (Foto re.), der originellste Zug der Welt → S. 73

INSIDER TIPP Cocktails, goldene Drachen & Co.
Relaxen bei Cocktails, Wein und einem Flair wie im alten Shanghai – bei *Miss Wong* (Foto o.) in Siem Reap → S. 80

INSIDER TIPP Paradies-Insel mitten im Fluss

Nicht im Meer, sondern mitten im Fluss Mekong liegt *Koh Trong* – eine kleine und idyllische tropische Insel mit Stelzenhäusern, Palmen, Ponykarren und Gästehaus. Wie eine Zeitreise gibt der Aufenthalt einen Einblick in den immer mehr verschwindenden traditionellen Lebensstil der Khmer → S. 90

INSIDER TIPP Wenn Hanuman den Säbel schwingt

Allein die dschungelige Kulisse mitten in Siem Reap bezaubert, wenn bei den *Sacred Dancers of Angkor* die tanzenden Apsaras wie Feenwesen auftreten und der Affendämon seine Zuschauer bannt → S. 79

INSIDER TIPP Ganz wie im Dschungelbuch!

In der wilden Natur zwischen intakten Mangrovenwäldern und Wasserfällen bei *Koh Kong* und in den *Cardamom-Bergen* fehlen nur noch Mogli und Balu → S. 54

INSIDER TIPP Begegnung mit Elefanten

Ganz nah kommen Sie den Dickhäutern beim *Füttern* und in ihrer großen Badewanne im Fluss beim täglichen *Bad*, etwa in Mondulkiri → S. 94

INSIDER TIPP Mit Buddha zum Sunset

Atemberaubender Sonnenuntergang beim *Wat Thom Raing Sey* am Mekong und Sekong, während Buddhas Jünger ihre Pali-Verse singen → S. 96

INSIDER TIPP 1000 Jahre Haltbarkeit

Mitten in der kambodschanischen Pampa winden sich mythologische Naga-Schlangen an der antiken *Bogenbrücke Speam Prap Tos* über den Chikreng-Fluss → S. 109

INSIDER TIPP Hoch hinaus!

Auspowern beim *Rockclimbing* in den sagenhaften Karstfelsen bei Kampot, Kampong Trach und Kampong Cham – die ersten Routen für enthusiastische Kletterer sind schon abgesteckt → S. 117

BEST OF ...

TOLLE ORTE ZUM NULLTARIF

Neues entdecken und den Geldbeutel schonen

SPAREN

● ***Wasserfest auf dem Mekong***

Beim Wasserfest *Bon Om Touk* dreht sich am Ende der Regenzeit alles um die Wassermassen des Flussriesen: Feuern Sie die Teilnehmer der bunten (und kostenlosen) Regatta in Phnom Penh an (Foto) → S. 120

● ***Spielen unter Aufsicht***

Vergnügungsparks verlangen meistens Eintritt. Auf dem gepflegten *Wat Bodum Playground* in Phnom Penh dagegen spielen Ihre Kinder nach Herzenslust umsonst und unter Aufsicht → S. 118

● ***Wenn Fledermäuse den Himmel verdunkeln***

Ein Zoobesuch kostet Geld und zeigt Tiere nur in Gefangenschaft. Ein Naturspektakel, das nichts kostet, können Sie zum Sonnenuntergang erleben: Dann nämlich verlassen Abertausende von Fledermäusen die *Höhlen am Phnom Sampeau* und verdunkeln den Himmel über Ihnen → S. 73

● ***Von Raupen und edler Seide***

Artisans D'Angkor in Siem Reap lassen Sie hinter die Kulissen schauen: In einer kostenlosen Besichtigung werden den Besuchern der Ausbildungswerkstatt die Produktionsschritte von der Maulbeerbaum-Plantage über die Seidenraupenzucht bis zur Seidenweberei gezeigt → S. 77

● ***Tempelatmosphäre schnuppern***

Die beiden Klöster *Wat Sambok* und *Wat Sambour* bei Kratie können Sie gratis besichtigen, aber achten Sie auf angemessene Kleidung → S. 92

● ***Gratis-Frühsport vor dem Königspalast***

Sport treiben wie die Einheimischen: Sparen Sie sich das Fitnessstudio, mischen Sie sich zum Sonnenaufgang lieber unter die Frühsportler vor dem Königspalast in Phnom Penh und machen Sie bei *Aerobic, Federball und Tai Chi* umsonst mit → S. 41

●●●● Diese Punkte zeichnen in den folgenden Kapiteln die Best-of-Hinweise aus

TYPISCH KAMBODSCHA

Das erleben Sie nur hier

Ein kariertes Tuch als Multitalent

Der vielseitige Krama-Schal mit Karo-Musterung wird Ihnen überall im Land begegnen. Kaufen können Sie ihn z. B. auf dem trubeligen Markt *Phsar Thmay* in Phnom Penh → S. 45

Charakteristische Silhouette

Ob auf dem Geldschein, auf der Landesflagge oder der Bierflasche – charakteristischer als das größte Bauwerk in der Ruinenstadt Angkor kann kein Symbol des Lands oder Wahrzeichen sein: Das weltberühmte, majestätische Kloster *Angkor Wat* ist ein absolutes Muss! → S. 62

Leider typisch für die Roten Khmer

Auf den berüchtigten *Killing Fields* bei Phnom Penh, Mahnmal für die Schreckensherrschaft der Roten Khmer, gedenken Sie der ca. 1,5 Mio. ermordeten Kambodschaner → S. 49

Leckere Snacks

Probieren Sie unterwegs beliebte Snacks wie das süße *krolan* (Klebreis in Bambus) oder *nhem* (roher Fisch in Bananenblättern); nur die *Taranteln* werden nicht jedermanns Sache sein – kostet alles auf dem Nachtmarkt und an Straßenständen in *Stung Treng* nur wenige Cents (Foto) → S. 96

Bootstour in die Ramsar Wetlands

Auf dem *Mekong* nördlich Stung Trengs fahren Sie nach der Regenzeit *per Longtailboat* knatternd durch ein endloses Labyrinth aus Flussarmen, Inseln und Flutwäldern – eine einsam-weite, amphibische Wasserwelt → S. 97

Homestay — Urlaub mit Familienanschluss

Den typischen Tagesablauf einer einheimischen Familie erleben Sie beim Fischer in der *Trapaing Sangke Fishing Community,* wo Sie die Netze auswerfen und Wissenswertes über Alltag und Lebenserwerb erfahren → S. 112

Sanfte Flussbewohner

Sie sind einmalig und vom Aussterben bedroht: Die letzten *Süßwasser-Delphine* leben auch noch zwischen Kambodscha und Laos im Mekong bei Kratie. Aber bitte keinen Hype und Bootswettrennen um die Tiere herum mitmachen! → S. 91

BEST OF ...

SCHÖN, AUCH WENN ES REGNET

Aktivitäten, die Laune machen

REGEN

● ***Zu Gast beim Smaragd-Buddha***

Ein großer Touristenmagnet in der Hauptstadt Phnom Penh und eine der heiligsten Stätten im ganzen Land: In der *Silberpagode* auf dem Gelände des Königspalasts blitzen Gold, Diamanten und polierter Marmor (Foto) → S. 42

● ***Götter und Könige in Stein und Bronze***

Im *Nationalmuseum* in Phnom Penh können Sie die wertvollsten Exponate aus Angkor im Original bestaunen – in der legendären Ruinenstadt stehen meist nur Kopien → S. 41

● ***Open-Air-Schmaus im Monsunregen***

Der Regenschleier legt sich über den Tonle-Sap-Fluss, und die Kinder toben jauchzend durch die überfluteten Straßen? Selbst dann sitzen Sie trocken und speisen hervorragend im *Bopha Restaurant* in Phnom Penh – mit Blick auf das ununterbrochene Flusstreiben → S. 43

● ***Angkor mal aus anderer Perspektive***

Im *Angkor Panorama Museum* wird die Goldene Ära der Angkor-Könige lebendig! Mitsamt 3-D-Film und Panoramagemälde tauchen Sie ein in die Historie und den Alltag der Khmer anno dazumal → S. 60

● ***Ein Paradies für Souvenirjäger***

Auf dem *Alten Markt (Phsar Chas)* in Siem Reap vergeht die Zeit wie im Flug. Wenn Sie hier trotz Hunderter Verkaufsstände nicht das Richtige gefunden haben, stöbern Sie einfach im Night Market weiter → S. 76

● ***Teatime im Grand Hotel***

Ein verregneter Nachmittag in Siem Reap lässt sich im *Raffles Grand Hotel d´Angkor* im Café *The Conservatory* beim „high tea" oder auch bei Kaffee und Kuchen bestens vertrödeln – kuscheln Sie sich einfach in die Sofas und lauschen Sie dem Pianisten → S. 81

ENTSPANNT ZURÜCKLEHNEN
Durchatmen, genießen und verwöhnen lassen

ENTSPANNT

● *Nirwana auf Erden – im Spa*
Herrliche Düfte, leise Musik, warmes Öl, sanfte Hände – das professionelle Team vom *Frangipani Spa* in Siem Reap weiß, wie reisegestresste Seelen, verspannte Muskeln und wundgelaufende Füße verwöhnt und belebt werden → S. 78

● *Wohltuende Bootsfahrt*
Balsam für die Seele: Friedliche Alltagsbilder sammeln Sie bei einer Fahrt im Ausflugsboot durch die Stelzenhaus- und Hausbootlandschaft auf dem weiten *Tonle-Sap-See* bei Siem Reap → S. 83

● *Im Zwiegespräch mit Buddha*
Im idyllisch gelegenen *Wat Kirisan* kann man zumeist in aller Ruhe im Angesicht vom großen *Liegenden Buddha* Platz nehmen. Ob man es nun Chillen oder Besinnen nennt: Vielleicht ergibt sich an diesem Höhlenschrein ein stiller Austausch mit dem Erleuchteten → S. 40

● *Bequem von Wasserfall zu Wasserfall*
Wie wäre es mit einem *Ausflug auf dem Reitelefanten* bei Ban Lung in Ratanakiri? Im Sitzkorb schaukeln Sie gemütlich von Wasserfall zu Wasserfall, die Riesenohren der Dickhäuter sorgen für angenehme Ventilation → S. 89

● *1000-Sterne-Dinner*
Nach dem Candle-Light-Dinner im *Boutiquehotel Knai Bang Chatt* am Meer in Kep heißt es: Beine hochlegen, in den Sofakissen versinken und leckere Cocktails genießen – Meeresrauschen und Sternenhimmel inklusive → S. 40

● *Zeitreise auf drei Rädern*
Im *Cyclo* ruckeln Sie in Phnom Penh gemächlich von Sehenswürdigkeit zu Sehenswürdigkeit → S. 45

● *Tierische Pediküre*
Lassen Sie sich anknabbern. Bei *Dr. Fish* kümmern sich Garra-Rufa-Fischlein um Ihre Füße – perfekt nach einer Tempeltour (Foto) → S. 78

AUFTAKT

ENTDECKEN SIE KAMBODSCHA!

Wo die **Zuckerpalmen** wachsen, da ist Kambodscha. Das sagen die Khmer seit Urzeiten. Die markanten, rund-verwuschelten Wipfel der Palmen und die Reisfelder bedecken das flache Land bis zum Horizont. Wasserbüffel suhlen sich im Schlamm, wiederkäuend und glotzend **wie vor tausend Jahren**. Das ist bis heute Kambodscha, dem neuerdings modernen und durch die vielen **Expats und Touristen** immer westlicheren Antlitz von Phnom Penh zum Trotz. Angesichts des geschäftigen Treibens in der kambodschanischen Hauptstadt bedarf es einer Rückblende in die Zeit vor dem Boom mit **Karaokebars, Massagesalons und Diskotheken**.
Unvergessen in Indochina ist das **Schicksalsjahr 1975.** Erst marschierten die **Roten Khmer** in Phnom Penh ein, um ihr mörderisches „Year Zero" in Kambodscha einzuläuten. Zwei Wochen später fiel im benachbarten Vietnam die Hauptstadt Saigon und wurde in Ho-Chi-Minh-Stadt umbenannt. Und schließlich siegte auch im verschlafenen Nachbarland Laos die Revolution, während die Roten Khmer unter **Pol Pot eine Blutspur** im eigenen Land hinterließen: 1 bis 2 Mio. Landsleute starben durch Totschlag, Zwangsarbeit und Hunger. Phnom Penh wurde 1975–79 zur düsteren, zwangsevakuierten **Geisterstadt** – bis die Vietnamesen die Massenmörder 1979 be-

Bild: Bauern bei der Reisernte

siegten und Phnom Penh für die nächsten zehn Jahre zu ihrer Kommandozentrale in einem belagerten **Vasallenstaat** machten. Anfang der 1990er-Jahre verwandelten UN-Soldaten dann die Stadt in einen **Rummelplatz** à la Wildwest, wo es Dollarscheine zu regnen schien. Im Königreich Sihanouks herrschten Anarchie und Chaos, Korruption und Kidnapping.

Als die rund 22 000 Blauhelme Ende 1993 nach den ersten demokratischen Wahlen wieder abgezogen waren, hieß die Losung für die Zukunft: **nationale Versöhnung**. Das internationale Tribunal gegen die letzten lebenden Führungsmitglieder der Roten Khmer (2009–2014) stößt daher bei den meisten Kambodschanern auf wenig Verständnis. Die Politikerclique um Ministerpräsident Hun Sen (selbst einst von den Roten Khmer zu den Vietnamesen übergelaufen) sorgt zwar für eine derzeit relativ stabile Phase des lang herbeigesehnten Friedens, der jedoch geprägt ist von einer unverhohlenen **Korruption** auf allen Ebenen, die selbst in Asien ihresgleichen sucht und sogar für Touristen an den Grenzübergängen zu den Nachbarländern zu spüren ist, etwa wenn **fantasievolle „Extra"-Gebühren** zum Visum erhoben werden sollen.

Wenn man die Hauptstadt verlässt, beginnt eine Zeitreise durch das **ursprüngliche Kambodscha**, das mit 181 000 km² etwa halb so groß ist wie Deutschland. Die Reise führt auf teils noch immer holprigen Pisten in abgelegene, von der Welt einst völlig vergessene Provinzen, wo lange nur Malaria und Rote Khmer herrschten. Hinter dichten Wäldern im Niemandsland liegt **Ratanakiri** mit seinen Hochlandvölkern, den *Khmer Loeu,* und ihren **uralten Stammesritualen**. Oder das menschenleere, hügelige Mondulkiri, das noch weithin mit Edelholzwäldern und tropischem Regenwald bewachsen ist. In **Sihanoukville**, dem einzigen quasi wiederbelebten **Badeort** an der 440 km langen Küste, trifft sich mittlerweile eine bunte Schar aus aller Welt mit den

802
Jayavarman II. gründet die Khmer-Dynastie Angkor

1112–1152
Suryavarman II. lässt Angkor Wat bauen

1863
Das Königreich Kambodscha wird Protektorat Frankreichs bis zur Unabhängigkeit 1953

17. April 1975
Die Roten Khmer marschieren in Phnom Penh ein – ca. 1,5 Mio. Menschen sterben während der fast vierjährigen Herrschaft unter Pol Pot

7. Jan. 1979–1988/89
Vietnamesische Truppen besiegen die Roten Khmer und besetzen das Land

Ruhige Plätze wie am Sok San Beach werden weniger, Kambodschas Strände immer beliebter

Khmer – beim gemeinsamen Wellenreiten auf dem Banana-Boat, **Beachvolleyball** oder Inselhüpfen – sozusagen das „Mallorca" der Backpacker in Asien.

Je nach Jahreszeit schimmern die Reisfelder in leuchtendem Grün, in Schlammbraun oder Goldgelb. Überall idyllisches Landleben auf den ersten Blick: Frauen und Männer beim **Reisdreschen** auf den Feldern, das karierte **krama-Tuch** zum Turban um den Kopf geschlungen, die Zähne und Lippen blutrot vom Saft der Betelnuss. Die meisten der rund 16 Mio. Kambodschaner sind **Bauern**, die von der Hand in den Mund leben – ein extrem karges Dasein zwischen **Ochsenkarren** und palmstrohgedeckten **Pfahlhütten**, Schuldenlast und Reisfeldern, auf denen noch immer unzählige **Minen** lauern. Das **Königreich** Kambodscha gehört mit einem jährlichen Pro-Kopf-Einkommen von etwa 1200 US-Dollar (in 2016) zu den ärmsten Ländern

Auf den ersten Blick idyllisches Landleben überall

März 1992
Beginn der UN-Mission in Kambodscha mit 22 000 Soldaten (UNTAC)

ab 15. April 1998
Nach dem Tod Pol Pots Amnestie und Aufnahme der meisten Roten Khmer in die Regierungsarmee

2004
König Sihanouk tritt zurück, Nachfolger wird sein Sohn Norodom Sihamoni

2009
Das Tribunal gegen einen ersten Exführer der Roten Khmer beginnt

2010
Im Juni wird das erste Urteil gegen einen ehemaligen Roten Khmer gefällt, den

der Welt. Neben der Landwirtschaft (Reis, Baumwolle, Kaffee, Mais, Tabak) sind die wichtigsten Wirtschaftszweige **Kautschukplantagen**, Fischwirtschaft, Textil- und Holzindustrie, Edelsteine und Gold, Erdöl und Kohle.

Buddhistische Klöster sind das Zentrum der Dorfgemeinschaft

Nahe den Dörfern spiegeln sich die Pagoden in Lotusteichen. 90 Prozent der Kambodschaner glauben an **Buddha**, aber weit verbreitet sind auch Animismus und **Ahnenkult**. Die buddhistischen Tempel und Klöster sind wieder das soziale und kulturelle Zentrum der Dorfgemeinschaft – wie vor der Pol-Pot-Ära, in der auch die Mönche ihre Roben ausziehen und sich in die Zwangsarbeiter-Kolonnen einreihen mussten (sofern sie nicht in den Tempeln sofort erschlagen worden waren).

Kambodscha ist der Legende nach **ein Land aus Wasser**. Und tatsächlich: Der **Mekong** verwandelt sich stromaufwärts in ein **Labyrinth** aus Flussarmen, Inseln und Flutwäldern, über das jeden Abend die Sonne ihren rotgoldenen Schleier wirft. Wer sich nach der Regenzeit mit einem Fischer in dessen **Longtailboat** auf den Flussriesen wagt, dem kann ein bisschen unheimlich werden, wenn das Ufer nicht mehr zu sehen ist zwischen all den gebeugten Bäumen, um deren Kronen jetzt Fische schwimmen. Die **Marktstädtchen** am Mekong beeindrucken mit ihrem zauberhaft provinziellen Charme und den seltenen Süßwasserdelphinen. Der Mekong-Zufluss **Tonle Sap** ist der einzige Fluss weltweit, der **rückwärts** fließt, so sagen die Kambodschaner. Nur so wächst der Tonle-Sap-See in der Landesmitte während der Monsunzeit zu einem der **fischreichsten Binnenseen** der Welt. In der überfluteten Landschaft leben die Kambodschaner in „schwimmenden" Dörfern auf ihren **Hausbooten** und Pfahlhäuschen zwischen Himmel und Wasser.

Provinzieller Charme und seltene Delphine am Mekong

Die antike **Tempelstadt Angkor** ist der Höhepunkt jeder Reise durch Kambodscha. Voller Ehrfurcht steht man vor den **tausendjährigen Türmen**, Toren und Pavillons, vor den Löwen und Schlangen, den tanzenden Apsaras und Lanzen schwingenden

Chef vom Foltergefängnis Tuol Sleng: 30 Jahre Haft

2012
Im Februar fällt das endgültige Urteil gegen den Chef von Toul Sleng, Kaing Guek Eav: lebenslänglich

Norodom Sihanouk, früherer König Kambodschas, stirbt mit 89 Jahren in Peking – einer der letzten Zeitzeugen und wichtige Persönlichkeit der oft blutigen Geschichte Kambodschas

2013
Der Internationale Gerichtshof in Den Haag beendet den jahrzehntelangen militärischen Grenzkonflikt zwischen Thailand und Kambodscha um den Tempel Preah Vihear im Nordosten

Reich bestückter Markt in Battambang – die Gegend gehört zu den fruchtbarsten des Lands

Kriegern in den Galeriegängen. Sie alle sind Zeugen einer längst vergangenen Hochkultur der vergöttlichten **Khmer-Könige**, der *devarajas*. Im Norden des Lands liegt das **steinerne Herz** eines im Dschungel versunkenen Imperiums. Während des bestialischen Wütens der Roten Khmer fielen die Tempel wieder in den **Dornröschenschlaf**, und Besucher konnten die abseits liegenden Märchenruinen lange Zeit nur sicher im UN-Konvoi aufsuchen – wenn überhaupt. Heute fährt man im **Reisebus-** und **Tuktuk-Konvoi** und steht nicht selten inmitten der Tempel in der Warteschlange.

Zeugen einer längst vergangenen Hochkultur

Das einst geschundene Land lässt viele der rund 5 Mio. Besucher nicht mehr los. Ein Land mit so vielen Gesichtern – zwischen grausamer Fratze, Apsara-Lächeln und Buddhas weisem Antlitz der Hoffnung.

des Lands und spricht die Unesco-Anlage vollständig Kambodscha zu

2014
Ex-Propagandachef Nuon Chea (88) und der frühere Rote Khmer-Staatschef Khieu Samphan (83) werden nach drei Jahren Tribunal zu lebenslänglicher Haft verurteilt

2017
Oppositionsführer Kem Sokha wird im September wegen Landesverrat und Putschverdacht verhaftet

2018
Majestätsbeleidigung wird in Kambodscha strafbar. Es drohen Geld- oder Haftstrafen bis zu fünf Jahren, auch für Touristen

IM TREND

1 Khmer-Klänge

Revival Die Vorkriegshits von *Sin Sisamouth* oder *Sereysothea* werden neu interpretiert – vom Musiknachwuchs des Lands. Die Hip-Hopper *Klap-YaHandz (Facebook: KlapYa HandzMusic) (Foto)* mixen traditionelle Songs mit heißen Beats, und *Pou Khlaing (Facebook: POUKHLAINGpage)* rappt auf und über Khmer und ist damit international erfolgreich. Wer diese Mischung live erleben will, besucht *Sharky's Bar (126 Street 130, Phnom Penh)*.

2 Abtauchen

Unterwasser Abgebrochene Korallen und harpunierte Fische gehören endgültig der Vergangenheit an, wenn es nach dem Team von *Scuba Nation (www.divecambodia.com) (Foto)* in Sihanoukville geht. Unter dem Motto „explore, conserve, observe" bietet die Tauchschule Unterwasserlehrgänge an. Außerdem engagiert sie sich bei Aufräumaktionen am Meeresboden. Im Ream-Nationalpark tauchen Sie mit den Guides von *Eco Sea Dive (www.ecoseadive.com)* mit, die Taucher oder solche, die es werden wollen, an der Serendipity Beach Road von Sihanoukville finden.

3 Non-Profit-Restaurants

Schmackhaft Ob westliche Küche oder asiatische Leckerbissen: Im *Sala Baï (155 Taphul Road | Siem Reap | www.salabai.com)* können Sie es sich so richtig schmecken lassen. Eine NGO hat das Restaurant ins Leben gerufen und bildet dort Jugendliche aus unterprivilegierten Familien aus. Straßenkinder bekommen in den Restaurants der

In Kambodscha gibt es viel Neues zu entdecken. Das Spannendste auf diesen Seiten

Tre Alliance *(tree-alliance.org)* eine zweite Chance: Im *Friends (215 Street 13)* oder im *Romdeng (74 Street 174)* in *Phnom Penh*, im *Marum (8a, B Phum Slokram, zwischen Wat Polanka und Catholic Church)* in *Siem Reap* oder im *Sandan (Street 10311, ein Block südlich von 7 Makara Street)* in Sihanoukville. Dort bereiten sie Snacks und typische kambodschanische Gerichte zu, lernen, wie der perfekte Service funktioniert und wie man ein Lokal führt. Für das NGO *Mith Samlanh* sind die Restaurants nicht der erste Erfolg. So gibt es inzwischen auch mehrere *Friends 'n' stuff*-Geschäfte, meist direkt neben den Restaurants, mit viel Handgemachtem. Auch die *Paul Dubrule-Schule (Airport Road | Siem Reap | ecolepauldubrule.org) (Foto)* bietet dem Gastronachwuchs Ausbildungschancen und den Restaurantbesuchern ein ständig wechselndes Menü mit französisch-kambodschanischen Einflüssen.

Happy Christmas in Cambodia

Global feiern Im Zeitalter der Globalisierung schafft es sogar der gute alte Weihnachtsmann (und andere westliche Bräuche) auch bis nach Kambodscha, wo ihn doch eigentlich gar keiner kennt. Trotzdem sind der Mann in Rot und seine Symbole spätestens ab Dezember in der Hauptstadt Phnom Penh allgegenwärtig und beliebt bei den Kambodschanern: der Tuktuk-Fahrer trägt dan Nikolausmütze, Plastikweihnachtsbäume sind auf dem Central Market aufgereiht, es gibt gestrickte Nikoläuse im Souvenirshop, Jingle Bells schallt durch die Hotellobby und sogar Schnee aus der Schneekanone rieselt auf den Sihanouk Boulevard – bei mindestens 30 Grad Tropenhitze.

FAKTEN, MENSCHEN & NEWS

MUNTERMACHER

Die blutroten Flecken finden Sie auf allen Straßen Asiens. Hier hat niemand Blut gespuckt, sondern den roten Saft der Betelnuss *(Areca catechu)*, eine Art „Alltagsdroge“ oder Rauschmittel wie bei uns Kaffee oder Tabak. Oft sind Münder und Zähne älterer Kambodschaner tiefrot gefärbt. Die Betelnuss (optisch der Haselnuss ähnlich) stammt von der Betelpalme und hat eine populäre stimulierende und zugleich entspannende Wirkung. Sie wird zu Pulver gemahlen und mit etwas gelöschtem Kalk in einem Betel-Blatt zerkaut. Der Geschmack ist leicht pfeffrig, die Reste werden ausgespuckt. Der euphorisierende und angeblich sogar aphrodisierende Konsum kann aber Durchfall erzeugen und süchtig machen.

IN BUDDHAS BANN

Aus der Pagode dringen Gebete in gemurmeltem *Pali*. Frauen in weißer Kleidung und mit geschorenen Köpfen sitzen auf den verschränkten Beinen, die Hände vor der Brust gefaltet. Die Schwaden der Räucherstäbchen tragen ihre Gebete zum Erleuchteten, der vor 2500 Jahren seine Lehre in Nordindien verbreitete. Damit der Zyklus der Wiedergeburten irgendwann auch für sie im erlösenden Nirwana endet, versuchen die Gläubigen im Diesseits Buddhas Lehre zu befolgen: mit (Geld-)Spenden an das Kloster oder beim Sammelgang der Mönche, vor allem aber mit grenzenloser Geduld, Mitgefühl und Toleranz gegenüber allen Lebewesen. Auch Ahnenkult und Geisterglaube gehören zum

Bild: Mönche vor dem Kloster Wat Phnom

Die Kambodschaner sind ein leidgeprüftes Volk – aber der Glaube an Buddha und eine prosperierende Zukunft macht sie stark

kambodschanischen Buddhismus, so wie der hinduistische Brahmanismus, der seit dem Angkor-Imperium beim *devaraja*-Kult in der gottgleichen Verehrung der Khmer-Könige seinen Ausdruck fand. Viele junge Männer gehen zum Beginn der Monsunzeit als Novizen ins Kloster und praktizieren für einige Zeit die 227 teils asketischen Ordensregeln. Auch der Wiederaufbau des Lands findet mit Hilfe von Buddhas Jüngern statt: 40 000 Mönche versuchen, in den Dörfern in kleinen Schritten die Armut mit Mikrokrediten zu bekämpfen und ihren Landsleuten Kenntnisse zur Gesundheitsvorsorge, zum Umweltschutz und in den traditionellen Künsten zu vermitteln.

SPASS AUF DREI RÄDERN

Die Tage der gemütlichen Dreiradgefährte sind gezählt. Träge und wie in Zeitlupe rollen sie durch das Verkehrschaos in Phnom Penh und scheinen wie Relikte aus längst vergangenen Zeiten. 1939 von den Franzosen eingeführt, werden die Cyclofahrer allmählich verdrängt von Mofas, Tuktuks und Geländewagen. Was haben sie nicht alles transportiert: mehrköpfige Familien, zappelnde Schweine und ganze Wohnungseinrichtungen. Das INSIDER TIPP *Cyclo Center (Street 158 | www.cyclo.org.kh)* in Phnom Penh ist eine Art Selbsthilfeorganisation mit 1400 Mitgliedern. Hier können die Fahrer ihre meist gemieteten Gefährte putzen und Englisch lernen. Damit dies hier kein Nachruf wird: Fahren Sie mit dem Cyclo! Am besten mittags und in den Seitenstraßen, sie sind relativ sicher und bieten Schatten und Schutz vor Regen.

Die Letzten ihrer Art: Tiger im abgelegenen Grenzgebiet zu Vietnam

MIT ODER OHNE JUMBO?

Touristen und Elefanten in Asien – ein heikles Thema. Ob in Thailand, Vietnam oder auch Kambodscha – der Kontakt zu den domestizierten Elefanten ist zumeist sehr kommerzialisiert und ein lukratives Geschäft. Zahllos sind die Elefanten-Camps, breit das Angebot von bloßer Interaktion beim Füttern und Streicheln über Shows mit „malenden" Dickhäutern und Reitausflügen mit schweren Sitzbänken bis hin zu mehrtägigen Mahout-Kursen mit „Elefanten-Führerschein". Die Grenze zwischen reinem Asyl bzw. Ruhesitz für alternde „Jumbos" und reinem Kommerz mit Touristenbespaßung verläuft dabei fließend. Abzuraten ist wohl am ehesten von allen Zirkusprogrammen mit nicht artgerechten Kunststücken. Eine Trendwende ist spürbar: Die ersten Reiseveranstalter streichen die Besuche von Shows o. Ä. mit Elefanten aus ihrem Programm. Schauen Sie vor Ort ganz genau hin, wie es den Tieren geht, oder erkundigen Sie sich vorab bei entsprechenden Tierschutzorganisationen.

DSCHUNGELBUCH – ABER IN GEFAHR

Das durch Kriege und Verminung lange isolierte Land besitzt wahre Naturschätze, die abgelegenen Regionen sollen noch bis zu mindestens zwei Dritteln mit Dschungel und Edelholzwäldern bedeckt sein. Allerdings ist der rasante Ausverkauf der Wälder durch illegalen Kahlschlag zugunsten von Plantagen für Cashewnüsse und Gummibäume in vollem Gang. Die ökologisch wichtigen Mangroven an der Küste sind bedroht durch Holzkohleproduktion und Shrimpsfarmen. In Kambodschas letzten Urwäldern haben seltene oder ausgestorben geglaubte Arten überlebt, etwa die Serau-Bergziegen, Braunhirsche, Schwarzbären und malaiische Sonnenbären, seltene Affenarten, Krokodile und Warane sowie das Nationaltier Kambodschas, das legendäre Kouprey-Wildrind. Sogar Tiger, Leoparden, wilde Elefanten und womöglich asiatische Nashörner sollen noch in den dichten Grenzwäldern herumstreifen. Pelikane, Reiher, Kormorane und andere bedrohte Vogelarten finden im Tonle-Sap-See und Mekong so viele Fische wie sonst nirgends auf der Welt (rund 1300 Arten). Und im Mekong tummeln sich die letzten Süßwasserdelphine Kambodschas.

DIE ROYALS

Norodom Sihamoni trat 2004 die Nachfolge seines 82-jährigen krebskranken Vaters an. Ausgebildet in Balletttanz und Filmwissenschaft galt der Junggeselle und Schöngeist bis zu seiner Krönung im eigenen Land als unbekannt und politisch unbescholten, im Gegensatz zu seinen beiden Brüdern Ranariddh und Sirivudh. Sein Vater König Norodom Sihanouk war bis zu seinem Tod im Jahr 2012 dagegen eine der schillerndsten Persönlichkeiten der Zeitgeschichte. In wechselnden Allianzen spielte er mit auf der politischen Bühne und kannte alle bedeutenden Größen – Gaulle und Nehru, Tito und Ceaușescu, Haile Selassie und Mao Tse Tung. Während des Vietnamkriegs stellte er sich gegen die USA und wurde 1970 bei einem von Washington unterstützten Putsch gestürzt. Sihanouk zog weiter die Fäden aus dem Exil in Peking und Pjöngjang; um wieder an die Macht zu kommen, paktierte er sogar mit den Roten Khmer. Filme, Bücher und sehr persönliche Notizen von Sihanouk: *www.norodomsihanouk.info*

EIN EXPLOSIVES ERBE

Wenn Reach Uk ihren Arbeitsplatz im Wat Than in Phnom Penh erreicht hat, nimmt sie als Erstes ihr linkes Bein ab. „Ist bequemer so", sagt die Kambodschanerin lächelnd. Dann schwingt sie sich hinter ihren Webstuhl. Reach Uk gehört zu den rund 40 000 Amputierten in Kambodscha. Vor allem entlang der 700 km langen Grenze zu Thailand in den nordwestlichen Provinzen Battambang und Pursat legten Vietnamesen (ab 1979) wie Kambodschaner im Bürgerkrieg pro Kilometer 1000 bis 3000 Minen – der dichteste Minengürtel der Welt! Auch die unzähligen, nicht explodierten Blindgänger aus dem Vietnamkrieg (über Kambodscha und Laos warfen die USA mehr als 2 Mio. Tonnen Bomben ab) sind eine permanente Gefahr und töten noch immer mehr Menschen als die Minen, vor allem an der vietnamesischen Grenze im Osten. Rund 4000 kambodschanische Minenräumer arbeiten seit 1993 mit Detektoren, Schaufel und Pinsel, u. a. für das *Cambodia Mine Action Center* (CMAC). Teilweise wurden Tempel mithilfe deutscher Fachleute von Minen geräumt, etwa am Phnom Kulen und in Koh Ker. Die Zahl der Unfälle bei der Bevölkerung ist seit Mitte der 1990er-Jahre um 90 Prozent zurückgegangen. Bis vor Kurzem starben pro Jahr aber immer noch rund 250 Menschen, mittlerweile ist die Zahl dank der Minenräumungen stark gesunken.

DAS BROT ASIENS

„Essen" heißt in Kambodscha wörtlich übersetzt „Reis essen" *(nyam bay)*. Nur mit dem extensiven Reisanbau und ihrer genialen Bewässerungstechnik konnten die Angkor-Könige ihr Imperium erhalten: Mit bis zu drei Ernten im Jahr ernährten sie 1 Mio. Untertanen (heute werden nur noch ein bis zwei Ernten erzielt wegen ineffektiver Bewässerung, veralteter Anbaumethoden bzw. Dürre). Das arbeitsintensive Süßkorngetreide bestimmt den Jahresrhythmus – nicht nur der Reisbauern – mit Legenden, dem Reisgott und Erntefesten. Das Schachbrettmuster der

So trennt man die Spreu – vom Reis

Reisfelder ist alles andere als pittoresk für diejenigen, die die Felder bestellen: Vor der Aussaat müssen die Körner keimen, die Schösslinge werden mit der Hand als einzelne Halme in die nasse Erde gesteckt, wo sie bei stets gleichbleibendem Wasserstand reifen. Nach durchschnittlich drei bis sechs Monaten ist Ernte – in vielen Gegenden ist dies noch reine Handarbeit. Bevor der Reis in die Töpfe kommt, muss er noch geschält werden.

SCHRECKENSHERRSCHAFT

Die Roten Khmer waren Anfang der 1970er-Jahre eine kommunistische Guerilla im kambodschanischen Untergrund, die aus der kommunistischen Partei Kambodschas entstanden war. Ihre Schreckensherrschaft begann am 17. April 1975 mit ihrem Einmarsch in Phnom Penh. Innerhalb von zwei Tagen ließen die Soldaten, viele noch Kinder, die Stadt und ihre 2 Mio. Einwohner zwangsevakuieren – angeblich standen US-Bombenangriffe bevor. Im „Demokratischen Kampuchea" sollte die perfekte kommunistische Gesellschaft, ein Land aus Reisbauern, geschaffen werden. Selbst das Tragen einer Brille konnte zum Verhängnis werden. Intellektuelle, Mönche, Lehrer und Studenten wurden ermordet, zahllose Autos, Häuser, Schulen, Pagoden und Buddhastatuen zerstört. Die Vietnamesen vertrieben die „Steinzeitkommunisten" bei ihrem Einmarsch in Kambodscha am 7. Januar 1979 in die nördlichen Provinzen. Opferbilanz der kaum vierjährigen Phase des Grauens: rund 1,5 Mio. Tote (fast ein Viertel der Gesamtbevölkerung Kambodschas), gestorben durch Totschlag, Hinrichtung, Hunger, Zwangsarbeit oder Krankheiten. Inzwischen ist das Fußvolk der Roten Khmer amnestiert, nachdem der „Bruder Nr. 1" Pol Pot 1998 unbehelligt in seinem Dschungelversteck im Norden des Lands gestorben war (es gab zuvor lediglich eine Art „Volkstribunal" in seinem Dorf). Im Tribunal gegen die letzten Überlebenden der Führungsclique stand seit 2009 beim ersten Prozess der Leiter des Foltergefängnisses Tuol Sleng, Kaing Guek Eav, vor Gericht. Im Februar 2012 wurde das endgültige Urteil gefällt: lebenslange Haft wegen Verbrechen gegen die Menschlichkeit und Kriegsverbrechen. Weitere Urteile, ebenfalls lebenslänglich, folgten in 2014 und 2018 gegen den Vize-Staatschef Khieu Samphan und „Bruder Nr. 2" Nuon Chea. Der damalige Rote-Khmer-Außenminister Ieng Sary starb 2013 *(Info: Documentation Center of Cambodia, www.dccam.org)*.

KAMBU & APSARAS

Aus dem Einsiedler Kambu und einer Apsara, der himmlischen Nymphe Mera, ging das göttliche Geschlecht der Könige „Kambujas" hervor. Ihre Nachfolger schufen ab 802 Angkor unter Jayavarman II. „Es ist großartiger als alles, was uns die Griechen oder Römer hinterlassen haben", schwärmte der asienreisende Naturkundler Henri Mouhot 1860 und fragte die Khmer nach den Erbauern der antiken Tempelstadt. Engel oder Riesen, vielleicht der Hindugott Indra, so lauteten die rätselhaften Antworten. Oder: Es habe sich von selbst erschaffen. Mouhot schließlich resümierte: „Welch ein trauriger Kontrast zu dem Barbarentum, in das die Nation heute abgestürzt ist." Die Legende und Angkor stehen in krassem Widerspruch zu den Bildern, die Kolonialisten und Nachbarn über die Khmer verbreitet haben: Es sei ein lethargisches Volk aus Bauern, fatalistisch und unterwürfig. Dunkelhäutige Wilde, die mit den Händen essen, schimpften die Vietnamesen. Lebenslust und Leid kennzeichnen die Historie der Khmer schon in den Reliefs von Angkor: Apsaras mit diesem unergründlichen Khmer-Lächeln, dem „sourire khme", manche noch mit Einschusslöchern des Bürgerkrieges, neben Folterszenen und Kriegsgewirr. Überall im Land kann man dieses Lächeln wiedersehen: im armseligen Fischerdorf am Mekong, bei den Musikanten des Gamelan-Orchesters oder bei der Geisterbeschwörung eines Schamanen. Und wenn die Kambodschaner erst ihre Feste feiern, wird das Khmer-Lächeln zum Strahlen, breit wie der Mekong, und die Goldzähne blitzen.

INVASION

Ausverkauf & Goldrausch: Kambodscha steckt mitten in einem starken wirtschaftlichen Wandel, der sich v. a. in den größeren Städten und der Küstenregion zeigt: Mit „Entwicklungsgeldern" zumeist aus China – größter Investor in Kambodscha – werden Mega-Bauprojekte im Eiltempo realisiert: riesige Küstenstraßen durch Mangrovengebiet, überdimensionierte chinesische Hotelklötze, disneyartige Vergnügungsparks auf Inseln und Kasino-Gigantomanie in Nationalparks. Ein Hintergrund ist die Ausbeutung der Ressourcen (z. B. Öl vor der Küste), aber auch der von kambodschanischer Regierungsseite durchaus begrüßte Massentourismus aus dem Riesenreich. Besonders Sihanoukville scheint inzwischen fest in chinesischer Hand. Im einst verschlafenen Fischerort soll es bereits 70 chinesische Kasinos geben. Die Entwicklung geht einher mit Landraub und illegalen Zwangsräumungen durch Großkonzerne, Immobilienspekulation und -besitz dank gekaufter Staatsbürgerschaften sowie seit 2016 mit drastischer Zunahme von Morden, Drogenhandel, Geldwäsche, Prostitution und Umweltverschmutzung. Nach Protesten der Einheimischen wurde Ende 2018 erstmals eine Task Force gegen illegale Machenschaften und die chinesische Mafia eingesetzt.

Fotos von Opfern der Roten Khmer

ESSEN & TRINKEN

Ein Gang über die Märkte verrät Aufschlussreiches über die Essgewohnheiten der Khmer: gebratene Ratten, Heuschrecken am Spieß, geröstete Spinnen und Käfer, Eier von sauren Ameisen und Hühnerembryos direkt aus dem Ei ... Keine Sorge: **Reis** und **frischer Fisch** sind für die Kambodschaner die **Hauptnahrungsmittel**. Zur Bereicherung der Speisekarte haben im Lauf der Jahrhunderte die Nachbarn beigetragen, vor allem die Thai mit hierzulande reichlich entschärften **Currys** und die Chinesen mit der **Nudelsuppe**. Die Vietnamesen brachten ihre **Frühlingsrollen** und Elefantenohrfische mit. Die Kolonialherren hinterließen das **Baguette** *(num pang)* – etwa als Snack mit leckerer Füllung aus Eiern, Gurke oder Sardinen.

Die Kambodschaner schwören auf proteinreichen Fisch *(trey)* in allen Varianten: als **Knabberzeug** geräuchert oder getrocknet, gebraten oder gegrillt. Schon zum Frühstück essen viele Khmer *num banh choc*, eine **Fischsuppe** mit Reisnudeln, oder die Nudelsuppe ***kuei tiou*** mit Rindfleisch, Huhn oder Schwein. **Vegetarier** bestellen ***Kuei Tiou Bun Lai***. Leider kommen die Nudelsuppen an den Landstraßen immer öfter als reine Instantsuppen aus der Tüte daher – ein Fast-Food-Trend, der sich hoffentlich nicht fortsetzt.

Im Restaurant werden stets **mehrere Speisen gleichzeitig** serviert – je mehr Gäste, desto opulenter das Mahl. Beispielsweise bestellt man Fleisch oder **Geflügel** (in einfachen Lokalen meist

Curry, Sommerrollen und französisches Baguette – Nachbarn und Kolonialherren haben Kambodschas Küche beeinflusst

mitsamt Knochen und Knorpeln), an Fluss und Küste natürlich auch frische **Meeresfrüchte**. Als Vorspeise eignen sich kleine Frühlingsrollen – gebraten *(num chaio)* oder aus weißem Reispapier *(naim)*, am Tisch gefüllt zum Beispiel mit Möhren und Pilzen. Als **Gemüse** werden Kohl, Pilze, Mais und Bambussprossen **im Wok** kurz gerührt.

Zu jedem Mahl gehört immer eine Suppe *(samlor)* wahlweise mit Hühner- *(moan)*, Rind- *(sa-ich koa)* oder Schweinefleisch *(sa-ich chrouk)*. **Salate** haben nichts mit Kopfsalat und Co. zu tun, sondern mit **rohem Rindfleisch** und typischen **Kräutern** oder wie beim Salat aus grünen, unreifen **Mangos** mit geräuchertem Fisch oder Garnelen.

Grundlage der **Currys** *(kari)* ist eine im Mörser zerstampfte Paste aus dem aromatischen Zitronengras, Chili, Knoblauch und Ingwer – im Wok gekocht mit Gemüse und Fleisch in **Kokosmilch**. Von der Farbe sollten Sie nicht auf die Schärfe schließen. So ist das rote Curry z. B. mild und eher süß

SPEZIALITÄTEN

Amok – Fisch oder auch Hühnchen in Kokosmilch, mit Knoblauch, Ingwer, Zitronengras, Chili und Kurkuma, serviert in einem Körbchen aus Bananenblättern oder in einer Kokosnusshälfte (Foto li.)

Kampot Pepper Crab – Krabben mit dem weltbesten grünen Pfeffer

Kari Baitongh Saich Moan – grünes Hühnercurry mit Sauce aus Kokosmilch

Loc Lac – Rindfleischgericht mit Knoblauch und Zwiebeln in Limonenmarinade, meist serviert auf Salatblättern

Naim – vegetarische (rohe) Sommerrollen aus weißem Reispapier, gefüllt mit verschiedenen Gemüsen (Foto re.)

Num Chaio – kleine frittierte Frühlingsrollen mit Gehacktem und Gemüse

Nyoum Trayong Chek – Salat aus Bananenblüten, oft mit Hühnchen, Zitronensauce, Thai-Basilikum und Erdnussstückchen

Plia Saich Koa – Salat aus rohen Rindfleischscheiben mit Gemüse und Kräutern wie Zitronengras, Koriander und Minze

Prahet Trey Chean (Fishcake) – kleine frittierte Bällchen aus Fischfilet, Gemüse und Zitronengras, sehr lecker als Vorspeise mit einer Dip-Sauce

Saich Koa Char Spee Khieu – Rindfleischscheibchen im Wok gebraten mit Zwiebeln, Knoblauch und chinesischem Broccoli in saftiger Sauce

Samlor Kako – Gemüsesuppe meist mit Süßkartoffeln, Bohnen, Kürbis, gewürzt mit Zitronengras, Kurkuma und Fischsauce, wahlweise auch mit Fisch oder Huhn

Samlor Macho Boang Koang – vom thailändischen Klassiker Tom Yam inspirierte klare, säuerliche Garnelensuppe, gewürzt mit Zitronengras, Koriander und Thai-Basilikum, auch als Hühnersuppe *(Samlor Macho Saich Moan)* zu bekommen

Trey Dom Rey – gebratener Elefantenohrfisch mit süßsaurer Sauce

(für die Farbe verwendet man die roten *mkak*-Samen), außerdem gehört bei den Khmer die **Süßkartoffel** ins Curry. Weitere oft verwendete Gewürze: **Koriander**, Minze, Limonenblätter, Sternanis, Tamarinde, **Tarowurzel**. Sehr beliebt ist das **INSIDER TIPP** *Khmer-Barbeque*, bei dem das Fleisch und Gemüse in einem **Tontopf** über glühender Holzkohle **am Tisch** im brodelnden Suppensud gegart werden – das sollten Sie unbedingt einmal ausprobieren! Die Kambodschaner benutzen als Würze oft die berüchtigte salzige **Fischpaste prahok** – für westliche Gaumen (und Nasen) ist sie eher **gewöhnungsbedürftig**, aber in den besseren Lokalen steht sie stets in einer milden Version auf dem Tisch.

Selbst ihre Kuchen und Süßigkeiten zaubern die Kambodschaner aus Reis: zum Beispiel den mit Kokosmilch und Palmzucker gesüßten **Klebreis** mit **schwarzen Bohnen**, im Bambusrohr gebacken oder auch in Bananenblättern eingewickelt. Ebenso beliebte Snacks am Straßenrand sind die relativ harten, weil unreifen **Mangos** in Scheiben *(sway)*. Weiche und saftige Mangos *(sway tum)* gibt es natürlich auch (in der Saison März bis Mai). Nicht zu vergessen all die exotischen Früchte wie die rot-stachlige Rambutan, die rosarote **Drachenfrucht**, die saftige Mangostane sowie Papaya, Ananas und kleine, süße Bananen.

Kaffee wird meist schwarz und stark oder mit einer gesüßten **Kondensmilch** serviert. **Tee** gibt es in vielen Lokalen gratis zum Essen, sobald Sie sich gesetzt haben. **Fruchtsäfte** *(toek kalok)* können Sie jederzeit und überall am Straßenrand genießen (aber lassen Sie das Eigelb weg), oder Sie wählen den frisch ausgepressten **Zuckerrohrsaft**, den man aus der Plastiktüte mit Strohhalm trinkt. Nur die allgegenwärtigen Straßenstände mit den Fanta-Flaschen sollten Sie bei Durst nicht aufsuchen – sie verkaufen Benzin. Zu den einheimischen Alkoholika gehören **Angkor Beer** und **Palmwein** (*toek thnaout*: ein vergorener süßlich-saurer Saft der Zuckerpalme). In den Touristenzentren fließen natürlich auch Softdrinks, Weine, westliches Bier, Whiskeys, Wodka – und Sie haben die Qual der Wahl zwischen zahllosen Lokalen mit **internationalen Speisen**: von Pizza über Couscous bis Sushi. Die Vorliebe der Kambodschaner für gebratene **Taranteln**, **Wasserkäfer** und ähnlich exotische Delikatessen hat wahrscheinlich ernste Wurzeln: Unter

Mobile Küche auf dem Markt

der Pol-Pot-Herrschaft haben solche Speisen manchen Kambodschaner bei der Zwangsarbeit auf dem Feld schlicht vor dem **Hungertod** bewahrt.

Übrigens: In Kambodscha isst man meist mit **Löffel** und **Gabel**, wie auch bei den Thailändern. Nur zu Nudelsuppen kommen die Stäbchen mit Löffel zum Einsatz. *Angchean tchnang!* Guten Appetit!

EINKAUFEN

Sie sollten beim Rückflug einen Zuschlag wegen Übergewichts des Koffers einkalkulieren: Die Palette an Kunsthandwerk und Souvenirs ist groß, vor allem in Siem Reap und Phnom Penh. Handeln gehört auf den Märkten zum Geschäft – das Lächeln nicht vergessen! Die besten Preise gibt es frühmorgens oder kurz vor Ladenschluss. Bei vielen Läden gehen die Erlöse an humanitäre Projekte oder direkt in die Dörfer, in denen die Waren produziert werden. Edelsteine aus der Gegend um Pailin sollten nur echte Kenner unter die Lupe nehmen – es gibt zu viele überteuerte (Glas-)„Schnäppchen".

KAMBODSCHANISCHE SEIDE

Die begehrte Seide gibt es in unterschiedlich feiner Qualität als modische Kleidung oder Sarongs, Kissenbezüge oder Handtaschen. Den gesamten Prozess der Seidenproduktion vom Maulbeerbaum über die Ernte bis zum Webstuhl können Sie beim *National Silk Center* oder der *Angkor Silk Farm* bei Siem Reap besichtigen. Die Blätter der Maulbeerbäume dienen als Futter für die gefräßige Seidenraupe, bevor diese sich mit einem bis zu 1000 m langen Faden in ihre etwa daumendicken Kokons verpuppt. Beim Kochen in großen Kesseln löst sich der Faden, wird gefärbt, gespült, geschleudert, wieder gerade geschlagen und auf Spulen aufgewickelt. An den Webstühlen entsteht schließlich das Seidengewebe nach der *ikat*-Methode: Der Seidenfaden wird vor dem Weben alle 2 cm in unterschiedlichen Farben getönt. Damit ein gleichmäßiges Muster entsteht, muss die Weberin ein außergewöhnlich gutes Auge haben.

KRAMA-SCHALS

Das klassische Kambodscha-Souvenir: Der *krama*-Schal, in Rot, Blau oder Schwarz kariert, ist aus reiner, handgewebter Baumwolle – ein billiges Multi-Talent (ab 1 US$/3000 Riel) auf staubigen Pisten oder in eisgekühlten Restaurants, als Handtuch oder Schulterbedeckung beim Pagodenbesuch.

KULINARISCHES

Was wären die Pariser Restaurants ohne den Pfeffer aus Kampot! Gewürze und Honig, Kaffee und Tee, Cashewnüsse, Reiswein und Kokosnussöl sowie originelle Produkte aus der Zuckerpalme und Wasserhyazinthe – besonders auf den

Auf den Märkten und in den Boutiquen Kambodschas können Sie tagelang stöbern – und wunderschöne Mitbringsel kaufen

Märkten kommt man aus dem Schnüffeln, Kosten und Stöbern nicht mehr heraus.

KUNSTHANDWERK

Statuen jeglicher Größe und Couleur, Körbe und Rattanmöbel, Töpfer- und Lackwaren, traditionelle Musikinstrumente und Schattentheaterfiguren sind in den Touristenzentren zu günstigen Preisen zu haben. Die beliebten Kopien der Apsaras, Buddhas, Hindugötter und alter Gottkönige wie des weise lächelnden Jayarvaman VII. sind meist aus Stein, Bronze oder Holz, wobei den Kunstwerken mit der Polychromy-Technik eine täuschend echte Patina verliehen wird. Werkstatttouren gibt es bei *Artisans d´Angkor (www.artisansdangkor.com)* in Siem Reap. Klären Sie beim Kauf (oft nur vermeintlich) echter Antiquitäten mit dem Ladeninhaber die Ausfuhrerlaubnis des Fine Arts Departments in Phnom Penh und gegebenenfalls den Versand per Luftfracht!

SILBER

Besonders die Silberschmiede fertigen Ware höchster Qualität und Reinheit (angeblich 70–92 %, es gibt aber auch jede Menge gut gemachte Kopien): Wie wäre es mit Schmuck und Buddhafiguren, Chopsticks und Besteck als Souvenir? Der Renner sind die kleinen silbernen *Areka*-Dosen in Tier- oder Obstform, die früher zur Aufbewahrung der hungerstillenden Areka-Betelnüsse dienten. Besonders beliebt bei Khmer-Eltern: die kleinen silbernen Klingeling-Fußkettchen für Babys, die INSIDER TIPP *Chang Krang Choeung*.

TEMPLE RUBBINGS

Die Drucke von Angkor Wat und dem Ramayana-Mythos auf schwerem, feucht behandeltem (Reis-)Papier sind INSIDER TIPP praktische Mitbringsel: leicht zu transportieren, preiswert und wunderschön. Gibt's an vielen Orten, gratis etwa im Preah Norodom Sihanouk Angkor Museum

PHNOM PENH & DIE KÜSTE

Zweifellos, Phnom Penh hat die Bettlerlumpen abgestreift. Viele der verwitterten, ockergelben Kolonialbauten aus der Ära der Franzosen sind zu hochherrschaftlichen Hotels und Loungebars herausgeputzt worden. Lila blühende Bougainvilleen und knarzende Rattansessel empfangen die Gäste.

Vorbei sind die Zeiten, als sich die Stadt – noch Mitte der 1990er-Jahre! – nach Sonnenuntergang in eine kafkaeske, unwirkliche Szenerie aus flackerndem Kerzenlicht und Feuerstellen vor den Wohnbaracken verwandelte, mit einer Geräuschkulisse aus brummenden Generatoren und gar nicht seltenen Pistolenschüssen. Versuchte *coup d´états*, also Staatsstreiche, waren quasi an der Tagesordnung.

Heute glitzert Phnom Penh wie ein Weihnachtsbaum: Lichterketten hängen wie funkelndes Lametta an den Hotels, Tempeln und Palmen auf der belebten Uferpromenade, wo der Tonle Sap und der Mekong zusammenfließen. Es gibt wieder Strom (seit 1995) und Straßenlaternen (seit 1998), sogar Neonreklamen und digitale Ampeln mit Sekundenanzeige. Am Abend scheint es, als hätten sich die 2 Mio. Bewohner zum *dalin* versammelt – dem abendlichen Sehen und Gesehenwerden in einer schier endlosen Mofa-Armada ohne Ziel. Nach einer Ehrenrunde um das Unabhängigkeitsdenkmal kehren die Hauptstädter ein in die zahllosen Khmer-Lokale. Deren Namen sind reinste Zungenbrecher, drücken aber die Sehnsüchte aller Khmer aus: Freiheit, Gleichheit, Ge-

Bild: Victory Beach bei Sihanoukville

Die Straßen der Hauptstadt sind wieder lebendig. Und zum Baden geht es an die einstige Riviera Indochinas

sundheit. Bei der Jugend heißt das: Handy, Mofa, Karaoke.
Die wohlhabenden Phnom Penhois zieht es wie in den 1960ern an die Strände bei Sihanoukville und Kep. Von der thailändischen bis zur vietnamesischen Grenze sind es rund 440 km, Boutiquehotels und Kasinos haben an der einstigen „Riviera Indochinas" eröffnet. Während Sihanoukville sich immer mehr zum trubelig-internationalen Badeort entwickelt hat, scheint in den Städtchen Kampot und Kep die Zeit noch stillzustehen – fragt sich, wie lange noch, denn an der Küste warten Dschungelnationalparks mit Wildtieren, Höhlen und Wasserfällen auf Erkundung.

KAMPOT

(140 C5) (*G6*) **Ein Hauch von Kolonialzeit weht durch das beschauliche Städtchen am Toek-Chhou-Fluss mit der palmenbestandenen Uferpromenade,**

gesäumt von kleinen Häuschen mit schattigen Arkadengängen und klapprigen blauen Fensterläden.
Die Stadt besaß im 19. Jh. einen geschäftigen Hafen mit chinesischen Handelsschiffen und Shophouses. Heute liegt sie 5 km landeinwärts, umgeben von Mangrovenwäldern und Sümpfen. Die

Fischer als Gemischtwarenverkäufer: kleine Geschäfte am Hafen von Kampot

40 000 Einwohner leben vorwiegend vom Krabbenfang, den Pfefferplantagen und der Zucht der berüchtigten, stinkenden Durianfrucht. Kampot ist eine beliebte Ausgangsbasis für Abstecher in den Bokor-Nationalpark (41 km nördl., s. S. 36) – oder die Weiterreise ins 50 km entfernte Vietnam.

SEHENSWERTES

Bei einem Spaziergang können Sie die geruhsame, koloniale Atmosphäre erleben, etwa am östlichen Flussufer mit dem prachtvollen Gouverneurssitz oder in den Gassen südlich der *Seven Makara Street* mit ihren schönen alten Gebäuden in Pastellfarben, die jedoch allmählich verblassen. Beim genauen Hinschauen kann man echte kleine Augenweiden entdecken, etwa das INSIDER TIPP winzige chinesische Shophouse mit den ovalen Art-déco-Fenstern unter halbzerfallenem Ziegeldach. Einen Eindruck der alten Traditionen bietet das *Khmer Cultural Development Institute (Besuch nur nach Anmeldung vor Ort immer Do/Fr 17.30–18.30 Uhr, in anständiger Kleidung, keine Fotos erlaubt! | eine Spende ist angebracht | Facebook: Khmer Cultural Development Institute)*, in dem Jugendliche den Khmer-Tanz und das Spiel traditioneller Instrumente in der *Kampot Traditional Music School* üben.

ESSEN & TRINKEN

Am Abend ist kaum ein Sessel am Ufer frei – hier trifft man sich zum Sonnenuntergang in vielen Lokalen. Leckermäuler zieht es auch in die *Fruitshake-Street:* Zwischen alter Brücke und Kreisverkehr am Obelisk bekommen Sie an Garküchen Fruchtsäfte aus den exotischsten Obstsorten sowie Nudelsuppen und Snacks.

EPIC ARTS CAFÉ

Das kleine Cafe wird von tauben Jugendlichen und der britischen Organisation Epic Arts betrieben. Kreuzen Sie Ihre Bestellung auf Zetteln an: Frühstück, Bagels und Müsli, Omelettes oder andere Snacks. Hier gibt´s auch Kunsthandwerk. *Tgl. | 67 Oosaupia Muoy, nahe dem Alten Markt Phsar Granath | www.epicarts.org.uk* | €

THE LOVING SPOON

Wer sich mit dem kambodschanischen Essen nicht anfreunden kann oder mal Abwechslung braucht, bekommt bei Aom beste Thaikost aufgetischt: Die Thailänderin serviert ihre leckeren Currys auch gerne vegetarisch, Frühstück gibt´s auch. *Fr–Mi 7–13, 16–21 Uhr | 276 Street Nr. 11 (nahe Uferstraße) | Tel. 089 98 19 74 | Facebook: lovingspoon* | €–€€

RIKITIKITAVI

Gutes Verandalokal mit ausgefallenen Speisen und großen Portionen (z. B. Frühstück, importierte Steaks und Vegetarisches) bei schönem Flussblick, guten Weinen, Cocktails, Whiskeys. *Tgl. | Uferstraße im Zentrum | Tel. 012 23 51 02 | www.rikitikitavi-kampot.com* | €–€€

FREIZEIT & SPORT

Wer Zeit hat und nicht nur gucken, sondern mitmachen will: Volunteering, freiwillige Mitarbeit, ist stark angesagt in Kampot, z. B. im Englischunterricht mit Mönchen, bei Projekten mit Behinderten (s. Epic Arts Café), Waisenkindern oder beim Fußballtraining.

BOOTS-, KAJAK- UND RADTOUREN

Kajaks werden beim *Les Manguiers (2 Std. ca. 3 Euro| Tel. 092 33 00 50 | www.mangokampot.com)* vermietet, damit können Sie den Flussalltag auf dem Chhou erkunden und den Krabbenfischern über die Schulter schauen. Oder ein Sunsetcruise bis zu den Tek-Chhou-Stromschnellen *(8 km nördlich)* mit Abkühlung beim Baden im Fluss? Privatcharter ca. 8 US$/

MARCO POLO HIGHLIGHTS

★ Bokor-Nationalpark
Zur Regenzeit mystisch, sonst tollstes Küstenpanorama bei Kampot → S. 36

★ Knai Bang Chatt
In Kep finden Sie das schönste Boutiquehotel Kambodschas, im Stil Le Corbusiers → S. 39

★ Silberpagode (Königspalast)
Pracht und Prunk mitten in Phnom Penh: Marmor, Silber, 2086 Diamanten – und ein lebensgroßer Buddha aus 90 kg echtem Gold → S. 42

★ Sunsetcruise auf dem Mekong
Nicht nur für frisch Verliebte: den Sonnenuntergang in Phnom Penh auf dem Fluss erleben! → S. 46

★ Raffles Le Royal
Stilvoller nächtigen Sie nirgends: die Kolonialherberge mit legendärer Elephant Bar → S. 49

Std. *(Tel. 092 17 42 80)* oder über *Sok Lim Tours (15 US$/P. für Tagesausflüge | Tel. 010 79 69 19 | Facebook: Sok´s Lim Tours*

AM ABEND

LE COMPTOIR

Bei Pierre Jean genießen Sie einen ordentlichen Tropfen Wein, wie soll es anders sein. In seiner kleinen Weinbar bewirtet der Franzose seine Gäste außerdem mit französischer Hausmannskost. Ein paar Gästezimmer gibt es auch. *Fr–Mi ab 17 Uhr | Kipling Lane (Parallelstraße zur Uferstraße)*

ÜBERNACHTEN

KAMPOT MANOR

Das Gästehaus liegt etwas abseits am anderen Ufer, dafür ruhig. David steht seinen Gästen mit Rat und Tat (als sehr guter Koch) zur Seite, es gibt Gratisräder, stets Kaffee und Tee sowie eine schöne Frühstücksterrasse. *10 Zi. | Fish Road | Tel. 093 63 19 04 | Facebook: kampotmanor* | €

LES MANGUIERS

Das Manguiers liegt direkt am Fluss: Es bietet einfache Zimmer (Ventilator, teils Gemeinschaftsbad, Kaltwasser) in typischen Stelzenhäusern mit Panorama – auch für Familien geeignet – und sechs urige, palmblattgedeckte Bungalows im Garten. Superleckeres Homemade-Frühstück, Bademöglichkeit im Fluss! *13 Zi. | Uferstraße | ca. 2 km Schotterpiste nördlich der neuen Brücke | Tel. 092 33 00 50 | www.mangokampot.com* | €–€€

MEA CULPA

Gutes Preis-Leistungs-Verhältnis in der kleinen ruhigen Herberge: schöne, helle Zimmer (DVD, Heißwasserdusche) Gemeinschaftsveranda, professionell, freundlich. Lokal mit Holzofenpizza. *4 Zi. | River Road | am südlichen Ende der Uferstraße hinter Gouverneursvilla links abbiegen | Tel. 012 50 47 69 | www.meaculpakampot.com* | €

ZIELE IN DER UMGEBUNG

BOKOR-NATIONALPARK ★

(140 C5) (*🕮 F–G 5–6*)

Mitten im *Elefantengebirge* auf einem steil abfallenden Hochplateau erstreckt sich über 1600 km² der Bokor-Nationalpark (auch: *Preah Monivong | Eintritt 0,50 US$*). Auf den rund 1080 m hohen Phnom Popok zog es reiche Kambodschaner und Kolonialherren schon in den 1920ern an den Wochenenden. Lange Zeit zeugten überwucherte Ruinen in der *Bokor Hill Station* von den ausschweifenden Zeiten: der Black Palace der königlichen Familie Sihanouks, eine französische Kirche, die alte Hotelvilla, das Postamt, der Wasserturm und das einst pompöse, vierstöckige Kasino (*Bokor Palace* von 1925) – mit Kamin und atemberaubendem Küstenpanorama bis zur vietnamesischen Insel Phu Quoc. Doch nach der Minenräumung ist hier heute alles saniert, die alte Kasinoruine protzt heute als frisch restaurierter Betonklotz an der Abbruchkante zur Küste, das neugebaute Kasino und das neue monströse *Thansur Bokor Highland Resort* mit 564 (!) Zimmern sind fertig (und wochentags gähnend leer...), eine autobahnähnliche Straße schlängelt sich ca. 20 km auf die Hochebene, wo nun auch der letzte Wald dem Kahlschlag zum Opfer fiel. Profitgier und Korruption zerstören hier einen der einst stimmungsvollsten Orte Kambodschas. Viele Kambodschaner und Asiaten mögen diesen protzigen Stil, westliche Ausländer sind oft enttäuscht bis entsetzt.

Doch es gibt noch einige besuchenswerte Ecken: Etwas abseits bezaubert das winzige vietnamesische *Wat Sampeau Doi Moi* mit niedlicher Ziegelsteinpagode

Dichter Dschungel im Bokor-Nationalpark – gefährdetes Refugium für bedrohte Tiere

und fünf Mönchen. In den 1980–90er-Jahren versteckten sich die Roten Khmer in den immergrünen Wäldern vor den vietnamesischen Truppen. Ein kleiner Fußweg führt zum *Popok-Vil-Wasserfall* mit seinen beiden ca. 15 m hohen Kaskaden *(11 km nordöstlich von Bokor Hill Station | lohnt nur in der Regenzeit)*. Zur Flora und Fauna gehören neben 300 Vogelarten auch der Muntiak-Hirsch, asiatische Schwarzbären, Gibbons und Elefanten und Tiger – leider weiterhin von illegaler Jagd bedroht. In der Regenzeit und ab mittags, wenn Wolken aufziehen, herrscht zwischen den Ruinen eine herrlich geisterhaft-vernebelte Atmosphäre, die 2002 dem düsteren Thriller „City of Ghosts" mit Matt Dillon als Kulisse diente. *41 km nördlich von Kampot*

TEK-CHHOU-WASSERFALL

(140 C5) *(🕮 G6)*

Der kleine Wasserfall (oder besser: Strudel) liegt ca. 8 km nordwestlich von Kampot und zieht vor allem an Wochenenden Massen von Kambodschanern an, die hier in den Pools baden und picknicken. Für Verpflegung sorgen außerdem viele Essenstände. Auf dem Weg liegt ein kleiner privater Zoo.

KEP

(140 C6) *(🕮 G6)* **Dieser 20 000-Seelen-Ort hatte seine glorreiche Zeit als Sommerfrische während der französischen Kolonialherrschaft: Kep-sur-Mer.**

Auch die königliche Familie vergnügte sich hier bei Wassersport und am Roulettetisch.

Die Roten Khmer machten dem elitären Treiben 1975 ein Ende und zerstörten den verhassten bourgeoisen Ort fast gänzlich. Der Spuk in der Geisterstadt hielt bis Mitte der 1990er-Jahre an. Heute erlebt das wochentags immer noch ganz wunderbar verschlafene Kep seine

Wiederauferstehung als Wochenendziel – wenn die Einheimischen anreisen zum Picknick und Bad im Meer in voller Montur. Manch einer munkelt schon von Kreuzfahrtpier, Kasino und Golfplatz. Fest steht: An der Uferpromenade dreht sich alles nur um eines – Krabbenkutter, Krabbenmarkt und eine gigantische Bronzekrabbe.

SEHENSWERTES

KÖNIGLICHE VILLEN

Die moderne, verlassene Wochenendvilla *(Damnaksdach)* Exkönig Sihanouks *(Eintritt 1 US$)* thront auf einem Hügel oberhalb des Kep-Strands mit fast zugewachsener Aussicht. Eine zweite, weniger bekannte königliche Villa ca. 3 km östlich an der Uferstraße ist eindrucksvoller: ein Kolonialbau mit Garten, freskengeschmückter Fassade, geschwungener Treppe im Innern, wo der Ex-Soldat Mr. Teiv lebt – auch davon, dass er gern 1 US$ Eintritt nimmt. Die Einschusslöcher in den Fassaden weiterer Villenruinen lassen das Wüten der Roten Khmer erahnen.

ESSEN & TRINKEN

Lassen Sie sich zum Sonnenuntergang die lokale Spezialität der vielen Suppenküchen am Krabbenmarkt *(Phsar Gadam)* oder auf Plattformen und Bastmatten am *Kep Beach* schmecken: vor allem Tintenfisch, Shrimps und Fisch an Spießen überm Holzkohlefeuer gegrillt und die *Kampot Pepper Crab* z. B. auch im *Kim Ly Lokal (€)* am Krabbenmarkt.

LE FLAMBOYANT

Das schicke Gartenlokal bietet mediterran-französisch-kambodschanische Küche auf biologischer Basis, mit Zutaten aus eigenem Anbau. *Tgl. | Abzweig landeinwärts an der N 33 nach Kampot | Tel. 017 49 10 10 |* €€

Meeresspezialitäten quasi direkt aus dem Netz: Krabbenmarkt in Kep

ITALIAN CORNER

Pizza, Pasta & Co.: Italienisches Flair verbreiten Alberto und sein kambodschanisches Team. Die Pizza kommt knusprigdünn und saftig daher, während der Wartezeit kann man das Treiben am Strand beobachten. *Tgl. | Kep Beach | Tel. 0976 77 20 78 |* €€

LED ZEP CAFÉ

Nach einer kleinen Wanderung im Nationalpark Phnom Kep (s. S. 40) können Sie sich beim wunderbaren Panoramablick in dem kleinen rustikalen Lokal bei kühlem Bier und einigen Snacks erholen. *Tgl. 9–17 Uhr | Phrea Thom | Kep Nationalpark | Tel. 010 31 17 12 |* €

SO KHEANG

Nicht vom Eingang abschrecken lassen: Hinten speist man in dem Familienlokal bei Sonnenuntergang frische Meeresfrüchte, die Preise sind nicht der Rede wert. *Tgl. | am Krabbenmarkt | Tel. 092 25 46 83 |* €

STRÄNDE & SPORT

Die Strände Keps sind leider graubraun, steinig und wenig attraktiv für westliche Ansprüche; erkunden Sie lieber die sieben vorgelagerten Inseln bei Tagesausflügen inklusive Seafood-Lunch, Schnorcheln und Massage *(25 US$ p. P., nur Überfahrt 8 US$):* z. B. die nur 2 km² große *Koh Tonsay* mit Strandlokalen und spartanischen Hütten bei Fischerfamilien *(Strom 19–22 Uhr |* €*)*. Sie können die Inselhoppingtour kombinieren mit *Koh Svay (Mango Island)* oder *Koh Pos (Snake Island)*. Beim Schnorcheln sieht man zwar nicht viele Korallen (außer bei *Koh Saran*), aber farbenprächtige Fische. Das größte Eiland ist *Phu Quoc* und gehört zu Vietnam *(25 km entfernt)*. Die Insel ist über den Grenzübergang Ha Tien zu erreichen, besorgen Sie sich vorher ein Visum. Von dort gehen tgl. Schiffe. Für Katamaransegeln, Windsurfen und Kajaking hat der Sailing Club neben dem Knai Bang Chatt die richtige Ausrüstung.

AM ABEND

SAILING CLUB

Frische Brise und ebensolche Meeresfrüchte (z. B. Krabbencurry) genießen Sie zum Sonnenuntergang entspannt am Pier und auf der Veranda im einfachen Blockhaus vom Segelclub (gehört zum *Knai Bang Chatt* nebenan). Etwas Zeit sollten Sie mitbringen oder am Billard- und Ping-Pong-Tisch verspielen. *Tgl. | Phum Thmey | an der N 33 nach Kampot |* €€

ÜBERNACHTEN

THE BEACH HOUSE

Zentral und trotzdem ruhig, helle, komfortable Zimmer mit Klimaanlage. Gemeinschaftsveranda mit tollem Sonnenuntergangsblick aufs Meer (1. Stock), Mini-Pool und Spa, WIFI. *16 Zi. | an der Uferpromenade | Tel. 012 71 27 50 |* €€

BOTANICA

Hängematten-Idyll: Das kinderfreundliche Gästehaus punktet mit palmstrohgedeckten Bungalows in einem üppigen Tropengarten. Die Zimmer sind recht schlicht, aber dafür gibt´s gleich zweimal einen Pool – einen zum Schwimmen und einen zum Billardspielen im hauseigenen Barlokal. *8 Zi. | an der N 33 nach Kampot | Tel. 0978 99 86 14 | www.kep-botanica.com |* €

KNAI BANG CHATT ★

Zwei 1960er-Villen im Stil Le Corbusiers: Das exklusive, intime und erste Boutiquehotel an der Küste beherbergt seine Gäste in minimalistischen Zimmern (ohne TV) und trumpft mit Swimmingpool direkt am Meer und bestem Service (das ganze Anwesen kann zu einem wirklich akzeptablen Preis gemietet werden). Im angeschlossenen Restaurant *(tgl. | €€)* können Sie beim ● INSIDER TIPP Dinner bei Sonnenuntergang oder Kerzenlicht am Meer die Füße in den noch warmen Sand stecken und anschließend einen Cocktail auf Lümmelsofas unterm Sternenhimmel genießen. *11 Zi. | an der N 33 nach Kampot | Reservierung in Phnom Penh | Tel. 036 210310 | www.knaibangchatt.com | €€€*

VERANDA NATURAL RESORT

Familienfreundliche Bungalows und eine Villa am Hang: viel Holz, Naturstein und Terrakotta, teils Hängematten auf der Terrasse und Open-Air-Bäder, rustikal und luxuriös! Lokal *(€)* mit Super-Küsten-Sunset-Panorama, Bäckerei und Eisproduktion. Oft ausgebucht. *20 Zi. | Abzweig landeinwärts an der N 33 nach Kampot | Tel. 036 63 88 58 88 | veranda-resort.asia | €€€*

ZIELE IN DER UMGEBUNG

PHNOM KEP (140 C6) *(G6)*

In dem kleinen Nationalpark (50 km²) gleich hinter Kep ist ein 8 km langer, dreistündiger „Jungle-Trek" möglich – bis hinauf auf den Sunset-Rock mit bester Aussicht vom 182 m hohen Phnom Kep. Hier tummeln sich wilde Makaken auf den Dipterocarpen-Baumriesen. *Eintritt 1 US$ | Info Kep Lodge und Led Zep Café*

WAT KIRISAN (140 C6) *(G6)* ●

Der Höhlentempel Wat Kirisan (auch: *Wat Kirisela/Wat Phnom*) liegt in traumhafter Kulisse aus steilen, zerklüfteten Karstbergen zu Füßen des wilden *Phnom Sor*. Im Innern des teils eingestürzten Kalksteinbergs verstecken sich ein verwunschener Talkessel, ein großer Liegender Buddha sowie Hunderte von Grotten und Nischen, die man teils auf allen Vieren erkunden kann. *Eintritt ca. 1 US$ | etwa 25 km östlich beim Ort Kampong Trach (N 33)*

> CITY **WOHIN ZUERST?**
> **Sisowath Quay (U D–E 1–3)** ***(d–e 1–3)***: Die Uferpromenade am Tonle-Sap-Fluss ist der perfekte Ausgangspunkt in Phnom Penh, egal ob Sie im Süden den Königspalast samt Thronhalle und die bunten Märkte besichtigen wollen oder im Norden in einer der zahlreichen Touristenlokale am Flussufer die Nacht durchfeiern wollen. Laufen Sie zu Fuß hierher, oder lassen Sie sich gemütlich im Cyclo herradeln.

PHNOM PENH

KARTE IM HINTEREN UMSCHLAG

(141 D4) *(H5)* **Die ca. 600 Jahre alte Hauptstadt (ca. 2 Mio. Ew.) am Tonle-Sap-Fluss ist auf einer rasanten Zeitreise ins 21. Jh. und dem bäuerlichen Rest des Lands um Lichtjahre voraus.**

Die ersten spiegelverglasten Wolkenkratzer des Lands sind hier in den Himmel gewachsen, wo sonst! Dabei hat die Stadt noch immer ihren eigenen Charme bewahrt – einen Mix aus asiatischem (Verkehrs-)Chaos, der khmer-typischen Gelassenheit und französischem Kolonialflair. An einigen Ecken behaupten sich wunderschöne Jugendstilvillen und Art-déco-Juwelen (z. B. entlang der *Street 92*). Die einst geplünderte Geisterstadt hatte bis Mitte der 1990er-Jahre nur sieben asphaltierte Straßen im Schachbrettmuster, die großen Boulevards, die mit ihren ständigen Umbenennungen die politische Couleur der jeweils Regierenden widerspiegelten – mal benannt nach Marx und Lenin, mal nach König Sihanouk und Charles de Gaulle. Am nördlichen *Sisowath Quay* schlägt direkt am Ufer des Tonle Sap das touristische Herz der Stadt mit Luxushotels und schicken Restaurants, Geldautomaten und Reisebüros, Bettlern und fliegenden Händlern. Am südlichen Teil der Uferpromenade nahe dem Königspalast tobt das kambodschanische Leben: Picknick, dampfende Garküchen, Wunderheiler, ● Aerobic-Massengymnastik, Tai Chi und Federball.

Nicht nur die Straßen und Plätze sind heute wieder voller Leben, auch die zahlreichen Go-go-Bars und Klöster. Die Mönche widmen sich Buddha und seiner Lehre, aber auch modernen Verpflichtungen und Zerstreuungen: etwa, wenn sie den Neuwagen eines Gläubigen eimerweise mit Weihwasser segnen oder voller Begeisterung der Fußball-WM vor der Kloster-Mattscheibe folgen. *Auskunft: www.phnompenhonline.com*

Der royale Glanz der Thronhalle vergoldet selbst den Verkehrsalltag auf Phnom Penhs Straßen

SEHENSWERTES

NATIONALMUSEUM ● (U E3) (*🕮 e3*)

Lassen Sie einfach mal 1000 Jahre Revue passieren und stellen Sie vielleicht auch fest: König Jayavarman VII. muss ein schöner Mann gewesen sein. Bewundern Sie die teils hervorragend erhaltenen Arbeiten der Steinmetze aus Angkor mit ihren zauberhaften detailreichen Türportalen, die der Goldschmiede mit filigranen und fein ziselierten Schmuckstücken und der Holzschnitzer von anno dazumal. Der Audioguide (5 US$) ist relativ teuer, lohnt sich aber (oder ein „leibhaftiger" guide), um ein bisschen tiefer in die Geschichte(n) einzusteigen. Sonst sieht man hier womöglich „nur Buddhastatuen und Steine".

Hauptattraktionen in dem pagodenartigen Bauwerk aus rostbraunen Backsteinen sind die schönsten Exponate der Angkor-Epoche (802–1431). Zu den kostbarsten der 5000 chronologisch geordneten Ausstellungsstücke gehören der große achtarmige *Vishnu* aus der Funan-Ära (6. Jh.), eine Sandsteinstatue von *König Jayavarman VII.* in der Pose des meditierenden Buddhas (12./13. Jh., leider ohne Arme), der bronzene schlafende *Vishnu* (11. Jh.) und das *Hausboot* von König Ang Duong, dem Urgroßvater des einstigen Königs Sihanouk. Die Fotos hinter manchen Ausstellungsstücken zeigen den Ort der Herkunft. *Tgl. 7.30–11, 14–15 Uhr | Eintritt 10 US$ | Street 13, Ecke Street 178, nördlich vom Königspalast | Fotografieren/Video nur außerhalb | www.cambodiamuseum.info*

Es sind die Taten, die zählen: tägliche Opfergaben im Wat Phnom

SILBERPAGODE (KÖNIGSPALAST) ★ ● (U E4) (*e4*)

Nicht „nur" Silber, auch viel Gold, Edelsteine und Marmor sowie Malereien warten hier auf Bewunderer. Hier hat es sogar der Fußboden in sich! Die Silberpagode (auch: *Wat Preah Keo Morokot, Tempel des Smaragd-Buddhas*) liegt auf dem weitläufigen Gelände des 1866 erbauten Königspalasts: Zugänglich sind nur die imposante Thronhalle, gekrönt mit Bayon-Gesichtern an der 59 m hohen Turmspitze (betrachten Sie im Innern auch die kunstvollen Szenen aus dem indischen Ramayana/Reamker-Heldenmythos an der Decke), sowie einige kleinere Gebäude links/südlich davon, etwa der auffällige, zierliche Pavillon von Napoleon III. mit Kunstgalerie. Durch ein Tor in der Mauer zur Linken gelangen

Sie zur herrlichen Silberpagode, 1962 anstelle des hölzernen Vorgängerbaus errichtet: Das Innere ist ausgestattet mit italienischem Marmor, Silber (beachten Sie die 5329 Bodenfliesen, die dem Bauwerk seinen Namen gaben) und jeder Menge Gold. Im Zentrum steht in Lebensgröße mit erhobenen, d. h. angstlos und mit schützenden Händen der *Preah Srei Arya Métreya-Buddha* (der Buddha der Zukunft) aus 90 kg purem Gold, verziert mit 2086 Diamanten mit bis zu 25 Karat, die von Krone bis Fuß, an Händen und Augen des Erleuchteten funkeln. Dahinter sitzt der hoch verehrte Smaragd-Buddha *(Preah Keo)* auf dem vergoldeten Bossabok-Pavillon – eine eher unscheinbare, ca. 50 cm große grüne Figur, vermutlich aus Baccara-Kristall. Vor der Silberpagode stehen die *Reiterstatue von König Norodom* und die *königlichen Grab-Stupas*, die rechte enthält die Asche von Norodom und Gattin, den Eltern des jahrzehntelang amtierenden Exkönigs Sihanouk. Die umgebenden Galerien beeindrucken mit teils hervorragend restaurierten Szenen des Ramayana/Reamker auf rund 600 m² Fläche (vor allem die östliche Galerie gegenüber der Silberpagode, wo die Legende im unteren/südlichen Teil beginnt). *Tgl. 8–11, 14–17 Uhr | Eintritt 10 US$ inkl. Fotoerlaubnis (nicht innerhalb der Gebäude!) und Broschüre, kein Einlass in Shorts und Trägerhemdchen | Sothearos Blvd.*

TUOL SLENG GENOCID MUSEUM
(U C5) *(m c5)*

Die Gedenkstätte Tuol Sleng war früher ein Foltergefängnis der Roten Khmer, auch S-21 genannt. 1975–79 wurden hier etwa 20 000 Kambodschaner gefangengehalten und gefoltert, ehe sie auf den *Killing Fields* bei Choeung Ek vor den Toren der Stadt ermordet und in Massengräbern verscharrt wurden. In den zu Zellen umgewandelten Klassenräumen der ehemaligen Schule steht der Besucher heute vor den eisernen Pritschen mit Handschellen, dem Folterwerkzeug, den unzähligen Schwarzweißfotos der penibel registrierten, teils kindlichen Opfer und den düsteren Gemälden der Insassen. Der Stacheldraht um einen Teil der Gebäude sollte Selbstmorde verhindern. Nur sieben Gefangene haben das Folterregime überlebt – allesamt Maler und Musiker, die für die Unterhaltung der Roten-Khmer-Führer hatten sorgen müssen. Selbstverständlich ist das bedrückende Museum kein Ort für Kinder. *Tgl. 7.30–17.30 Uhr, einstündige Filmvorführungen 10 und 15 Uhr | Eintritt 5 US$, Audioguide | Street 113, nahe Street 350 | www.tuolslenggenocidemuseum.com (offizielle, aber veraltete Website) und www.tuolsleng.com*

WAT PHNOM (U D2) *(m d2)*

Der von Makaken bevölkerte, rund 30 m hohe Tempelhügel Wat Phnom entstand nach einer Legende: Eine gewisse Lady Penh *(Yea Penh)* soll diesen Berg aufgeschüttet haben, nachdem sie im Jahr 1372 vier Buddhastatuen im Mekong gefunden und nach einem ehrwürdigen Aufbewahrungsort gesucht hatte. Heute wird sie selbst als Statue in einem Schrein verehrt (die kleine, mollige Dame mit Brille). Hinter dem Tempel mit Wandmalereien aus dem Leben Buddhas steht auch die große weiße Stupa mit der Asche des Königs Ponhea Yat, des Gründers Phnom Penhs. *Tgl. etwa 7–18 Uhr | Eintritt 1 US$ | Street 19, nahe dem Fluss*

ESSEN & TRINKEN

BOPHA PHNOM PENH TITANIC RESTAURANT (U D2) *(m d2)*

Eines der schönsten Lokale in der Hauptstadt: Sie speisen in Korbsesseln bei Ker-

Handeln erlaubt: Shopping in Art déco im Central Market

zenschein am Fluss (Mückenschutz nicht vergessen!) mit schier unendlicher Auswahl (z. B. Couscous, Käsefondue, Currys, Hummer, Vegetarisches). Spezialität: Büffelsteak (von Natur aus eher zäh)! Freundlicher Service, Khmer-Tanz-Show jeden Abend 19–21 Uhr, Liveband *Titanic* am Wochenende. *Sisowath Quay, Höhe Fährhafen | Tel. 012 20 67 09 | bophaphnompenh.com* | €–€€

COMME À LA MAISON (U D5) (*🕮 d5*)
Ob Kuchen, Vollkornbrot oder Croissant zum Frühstück, ein saftiges Pfeffersteak oder Wachteln, Pasta, Pizza, Salate und Vegetarisches – in dem alteingesessenen Lokal mit Delishop speist man in angenehmer Atmosphäre zu fairen Preisen. *Tgl. | 13–15 Street 57, Delishop 73 Tonle Sap Quay | Tel. 023 36 08 01 | www.commealamaison-delicatessen.com* | €€

MALIS (U E5) (*🕮 e5*)
Angesagtes, edles Gartenlokal hinter einer hohen Mauer (aber leider an lauter Straße), auch mit klimatisierten Plätzen: Geboten wird beste moderne Khmer-Küche mit Gerichten wie Entencurry, Amok und Suppen. Großer Weinkeller – über die Qualität wacht der riesige Buddha im Hof. *Tgl. | 136 Street 41/ Norodom Blvd. | Tel. 015 81 48 88 | www.malis-restaurant.com* | €€–€€€

NUK CAFÉ NORODOM (U D5) (*🕮 d5*)
In diesem netten Eiscafé lässt es sich auf zwei Etagen sehr gut aushalten bei leckerem Eis, einem gutem Cappuccino, Muffins, Gebäck, kleinen Gerichten, Souvenirs und natürlich Wifi. *Tgl. | 143 Preah Norodom Blvd., am Independence Monument*

ONE MORE PUB (U D5) (*🕮 d5*)
Eine kleine (deutsche) Kneipen-Oase mit begrüntem Patio: Bei Peter bekommen Sie immer ein kühles Bier, gute Weine und (internationale) Hausmannskost. Auch zwei einfache Gästezimmer *(€)* sind hier zu haben. *Mo–Sa | 16 Eo Street 294 | Tel. 017 32 73 78 | www.onemorepub.com* | €€

RESTAURANT 112 (U C2) (*c2*)
Fine Dining in der eleganten Colonial Mansion (Appartements €€€): wochentags wird ein französisches Preisknüller-Mittagsbuffet mit Leckereien aus Huhn, Ente, Lamm, Schweinefleisch *(7 Euro)* geboten, abends romantisches Dinner serviert. *Der* Ort zum Weintrinken (z. B. Gewürztraminer). *Tgl. | Street 102 | Tel. 023 99 08 80 |* €€–€€€

EINKAUFEN

Viele Boutiquen, Souvenirläden, Lokale, Bars und Spas finden Sie z. B. unter schattigen Tamarinden auf der ruhigen Street 240 sowie in der Street 178 mit Galerien und Kunsthandwerksläden.

PHSAR THMAY (THMEI) (CENTRAL MARKET) (U D3) (*d3*)
Das riesige ockergelbe Marktgebäude ragt seit den 1930er-Jahren wie ein Raumschiff in Art-déco-Verkleidung aus der Mitte Phnom Penhs: In den vier Gebäudeflügeln dürfen Sie das Handeln nicht vergessen, egal, ob Sie vor den Bergen aus Obst oder frittierten Taranteln die Qual der Wahl plagt, ob Juweliere Sie unter der gigantischen Kuppel beschummeln wollen oder Sie nur Woks, Seide und Souvenirs (z. B. die typischen ● Krama-Schals) suchen. Einfach durchs Labyrinth treiben lassen. *Tgl. etwa 7–17 Uhr | am südlichen Ende der Street 61*

PHSAR TUOL TOM PONG
(U C6) (*c6*)
Der überschaubare *Russenmarkt* ist eine wahre Fundgrube. Wenn Sie sich an den Bergen von Reifen, Werkzeug und Stoßdämpfern vorbeigearbeitet haben, können Sie hier alles Mögliche in unaufdringlicher Atmosphäre erstehen: Buddhas und Apsaras in jeder Größe, Echtes und Fakes wie Antiquitäten und Markenimitate, Seidenschals, Porzellan, Kunsthandwerk, CDs und jede Menge Schnickschnack. *Tgl. 5–17 Uhr | Street 446, Ecke Street 155 im Süden der Stadt (Osteingang)*

INSIDER TIPP **BEAUTIFUL SHOES (SY PHAL)** (U C6) (*c6*)
Pumps, Slippers und Sandalen – nichts Edles für hohe Ansprüche, aber aus Echtleder handgefertigt. Frauenschuhe gibt's ab etwa 20 Euro. *Tgl. 7–19 Uhr | 138 Street 143, in der Nähe von Tuol Sleng Facebook: Beautiful & Sy Phal Handmade Shoes Shop*

AUSFLÜGE

KHMER ARCHITECTURE TOURS ●
Cyclo-Touren zu den 1960er-Jahre-Gebäuden im Stil der europäischen Nachkriegsmoderne (meist vom berühmten Architekten Vann Molyvann, Schüler von Le Corbusier), etwa Olympiastadion, Universität, Kinos und Villen, die heute

LOW BUDG€T

Eine Stunde Khmer- bzw. Thai-Massage (im Pyjama) oder Ölmassage kostet bei *Sawadee* (im Goldie Boutique Guesthouse) **(U D5)** (***d5***) in Phnom Penh ab 9 US$. *Tgl. 9–23 Uhr | Street 57 | Tel. 099 98 62 22 | Facebook: SawasdeeMassagePhnomPenh*

Monkey Republic (26 Zi. | Tel. 092 00 00 00 | www.monkeyrepublic.info) ist *der* Treffpunkt für jugendliche Reisende mit knapper Kasse und großem Informationsbedürfnis in Sihanoukville: Die Bambus-Bungalows im Dschungelgarten gibt's ab 10 US$ – rechtzeitig reservieren!

teils als Boutiquehotels geführt werden. *Dreistündige Gruppentouren in Englisch: 15 US$ p. P., Privattouren: ab ca. 45 US$ | Tel. 017 36 97 43 | www.ka-tours.org*

MONSOON TOURS

Eins der ältesten Reisebüros des Lands (unter deutscher Leitung) ist spezialisiert auf Mekongtouren (mit Delphinbeobachtung, s. S. 90), Birdwatching, aber auch landesweite Touren. *21 C Street 371 | Sangkat Teok Thla (Bezirk Khan Sen Sok) | Tel. 011 98 48 79 | www.monsoontours.com*

SUNSETCRUISE AUF DEM MEKONG ★

(U D–E 2–3) (*d–e 2–3*)

Wenn die Sonne rotgolden hinter dem Königspalast versinkt, kann jeder zuschauen – sozusagen in der ersten Reihe – von den Sunsetcruise-Booten auf dem Tonle Sap und dem Mekong. Bei Khmer-Pop, Hip-Hop oder ganz romantisch bei Champagner und Kanapees – für jede Geldbörse ist der passende Törn dabei. Ganze Bootscharter gibt's schon ab 10–25 US$ pro Stunde und Boot (je nach Ausstattung und Größe); die Boote liegen zwischen Street 144 und Street 130 sowie am Passagierhafen nahe Street 104, z. B. der *Kanika-Katamaran (Tel. 089 84 89 59 | kanika-boat.com)*, der als „Floating Bar" täglich den Mekong runterschippert, auch als *Dinner-Cruise* auf dem Tonle Sap. *Floatation (Tel. 017 53 15 14 | maads.asia/floatation)* bieten täglich exklusiv-romantische Sonnenuntergangs-Dinner-Fahrten auf einer alten, umgebauten Reisbarke an, der Clou sind jedoch die am anderen Flussufer gelegenen **INSIDER TIPP** *Mekong Floating Bungalows (ab 90 USS pro Nacht)* – wenn man vom Flusstreiben gar nicht mehr genug kriegen kann

FREIZEIT

CAMBODIA COOKING CLASS

In der Hauptstadt Khmer-Küche kochen lernen – authentischer als bei der *Cambodia Cooking Class* im *Frizz Restaurant* geht es kaum, inklusive Marktbesuch. *Ganztags 35, halbtags 25 US$ pro Pers. | 67, Street 240 | Tel. 012 84 55 25 | frizz-restaurant.com*

AM ABEND

Wenn Sie vom Trubel am Sisowath Quay genug haben: Viele Bars und Lokale lie-

Die sportliche Seite des Trubels: Einheimische nutzen den Sisowath Quay für ihre Fitness

Phnom Penhs Tuktuk-Fahrer behalten den Überblick und bringen Sie zu jeder Sehenswürdigkeit

gen in der schönen, kleinen Street 240 (v. a. im Abschnitt zwischen Street 19 und Norodom Blvd.), die Klassiker wie das *Tamarind, Frizz, Freebird* usw. Wenn mehr los sein darf, gehen Sie in der neuen Traveller-Ecke rund um die Streets 278 und 57 *(Boeung Keng Kang, BKK, südlich des Independence Monuments)* sowie in die Bars auf der Street 130, 136 und 104.

INSIDER TIPP CHINESE HOUSE – TEPUI (U D1) *(🕮 d1)*
Lounge-Bar und Galerie in einer prächtigen Villa von 1904: ein Mix aus französischer Fassade und chinesischem Shophouse-Interieur – einer der wenigen originalen Kolonialbauten in Phnom Penh! Bei relaxter Atmosphäre genießen Sie asiatische Snacks und Cocktails an der Theke, in Sofas oder Liegeecken auf der Veranda. Im Restaurant *Tepui* im 1. Stock werden mediterrane Speisen mit einem Hauch Latino kredenzt. *Tgl. 11–14, 18–23 Uhr Restaurant, Bar 17–1 (Happy Hour 17–19.30 Uhr) | 45 Sisowath Quay, im Norden nahe Containerhafen | Tel. 092 55 33 30 | www.chinesehouse.asia |* €€–€€€

ELEPHANT BAR (U C2) *(🕮 c2)*
Berühmteste Bar Kambodschas: gemütliches Ambiente bei Pianobegleitung oder Jazz und überraschend preiswerten Cocktails *(halber Preis zur Happy Hour 16–20 Uhr)*. Billard, jeden Donnerstag in der Trockenzeit BBQ im Garten, freitags *Apsara Cultural Dinner Show (19.45 Uhr, 30 US$, nur in der Trockenzeit von Nov.–März). Bar tgl. 14–24 Uhr | im Raffles Hotel Le Royal*

PLAE PAKAA (U E3) *(🕮 e3)*
Die einstündige Open-Air-Tanzshow des Plae-Pakaa-Ensembles im Nationalmuseum zieht die Zuschauer mit Drama und Romantik, traditionellem Tanz und modernen Elementen in den Bann. *Tgl. 19 Uhr | Eintritt ab 15, Dinnershow 30 US$ | Tickets unter Tel. 017 99 85 70 oder an der Abendkasse | National Museum | Street 13, Ecke Street 178 | www.cambodianlivingarts.org*

SCHATTENFIGURENTHEATER SOVANNA PHUM THEATRE
(U O) *(⌧ O)*
Unter den Roten Khmer wurden viele Künstler, Tänzer und Musiker ermordet. Am Wochenende werden hier im Souvanna Phum Theater die alten Traditionen wieder lebendig: Schattenfiguren, Khmer-Tanz und Akrobatik, begleitet von den typischen Klängen der Khmer-Flöte *Sro lai* und dem Xylophone *Ro niet*. Beim *Sbek thom* erzählen bis zu 2 m große, starre Figuren üblicherweise die Ramayana-Legende, beim *Sbek toot* spielen kleinere, bewegliche Puppen Alltagsszenen (in ländlichen Gebieten oft noch zur Aufklärung gegen Malaria oder Aids). Außerdem können Sie Masken, CDs und Puppen kaufen oder selber im Workshop basteln *(ab 15 US$). Fr/Sa 19 Uhr | Eintritt 10 US$ | 166 Street 99 | Facebook: sovannaphumtheatre*

SHARKY'S (U D3) *(⌧ d3)*
Live-Konzerte, Luftgitarren-Wettbewerbe, Partys: Bei Sharky´s ist immer was los – in der angeblich „longest running Rock´n Roll-Bar in Indochina" (seit 1995)! Fakt ist: Die Drinks sind gut gekühlt, die Speisekarte riesig (Burger, Steaks, Burritos, Thai-Food), die Musik von Funk über Soul bis Punk (Livemusik am Wochenende), die Gästeschar gemischt, auch viele Khmer-(Viet-)Mädels. Die sind allerdings nicht immer „echt" – auch „ladyboys" sind darunter. *Tgl. 17–2 Uhr | 126 Street 130, 500 m östlich vom Central Market, 1. Stock | www.sharkycambodia.com*

INSIDER TIPP **SUNDOWN SOCIAL CLUB**
(U C6) *(⌧ c6)*
Über den Wellblechdächern des Russenmarkts können Sie nach dem dortigen Kaufrausch hier oben der Sonne zugucken, wie sie abstürzt. Es weht immer ein laues Windchen, das Bier ist eisgekühlt, und ein paar kleinere Gerichte wie Tacos und Burger (auch vegan / €) kann man mit Ausblick aufs Gewusel genießen (dem Wegweiser zur Rooftop Bar folgen). *Tgl. 12–23 Uhr | 86 Street 440 | Facebook: sundownsocialclub*

ÜBERNACHTEN

INSIDER TIPP **BLUE LIME**
(U D3–4) *(⌧ d3–4)*
Eine Oase hinter hohen Mauern: zentrales Boutiquehotel (rechtzeitig reservieren!) mit Bett und Sofa im Waschbeton-Schick (Sat.-TV, teils Balkone, Zimmer Nr. 8 mit großem Eckbalkon), ruhiger Pool mit Liegepavillons. *45 Zi. | 42 Street 19z, Gasse westlich der Street 19 | Tel. 023 22 22 60 | www.bluelime.asia | €€*

CAMBODIANA (U F4) *(⌧ f4)*
Klassiker aus den 1960ern, etwas in die Jahre gekommen. Überzeugt aber noch immer mit bester Lage am Zusammenfluss von Mekong und Tonle Sap, toller Aussicht, Pool und Fitnesscenter. Idyllische Speisepavillons über dem Fluss *(ab 16 Uhr | €–€€), Qba*-Nightclub mit Livebands *(ab 20 Uhr). 300 Zi. | 313 Sisowath Quay | Tel. 023 426288 | www.hotelcambodiana.com.kh | €€–€€€*

EUROPE GUEST HOUSE (U D3) *(⌧ d3)*
Wohlfühlen bei der Familie des hilfsbereiten Mr. Seng: Einfache Zimmer, aber gut ausgestattet mit Flat-TV, Wifi und kleinem, solarbetriebenem Duschbad. *16 Zi. | 51 Eo Street 136 | Tel. 023 6918883 | www.europeguesthousepp.com | €*

GOLDIE BOUTIQUE GUESTHOUSE
(U D5) *(⌧ d5)*
Familiär, freundlich und mitten im angesagten Travellerbezirk *Boeung Keng Kang (BKK):* teils Balkonzimmer (Sat.-TV,

Minibar), kleine Bäder, nett dekoriert. *15 Zi. | 6 Street 57 | Tel. 099 98 62 22 | www.goldieguesthouse.com | €*

KABIKI (U E4) (*🗺 e4*)
Die schöne, ausgesprochen kinderfreundliche Herberge ist leider oft voll: enge, gut ausgestattete Reihenzimmer mit privatem Vorgarten zwischen Zwergpalmen. Salzwasser-Pool (sonntags viele Kinder). Um die Ecke liegt das ebenfalls sehr schöne *Hotel Pavilion* in einer 1920er-Villa desselben Besitzers *(www.thepavilion.asia | €€). 11 Zi. | 22 Street 264, nahe Wat Bodum | Tel. 023 22 22 90 | www.thekabiki.com | €€*

KOLAB SOR (U D5) (*🗺 d5*)
Mitten im angesagten „BKK"-Viertel erhebt sich das zehnstöckige Hotel mit komfortablen, minimalistisch designten Zimmern, freundlichem Personal und Sky Bar. *52 Zi. | 436 Street 310 | Tel. 023 97 97 97 | www.kolabsorhotel.com | €€*

RAFFLES LE ROYAL ★ (U C2) (*🗺 c2*)
Legendäre Herberge mit nicht minder berühmten Gästen, wie Somerset Maugham und Jacqueline Kennedy: Buchen Sie die Landmark-Balkon-Zimmer im originalen Kolonialbau von 1929, wo Art déco auf Khmer-Deko trifft und die Badewanne auf Löwenpranken thront. Die beiden 25-m-Pools zwischen den drei (nachgebauten) Flügeln sind die reinste Oase! Angebote in der Nebensaison. *170 Zi. | 92 Rukhak Vithei Daun Penh, nahe Wat Phnom | Tel. 023 98 18 88 | www.raffles.com/phnompenh | €€€*

ZIEL IN DER UMGEBUNG

KILLING FIELDS (CHOEUNG EK) ●
(141 D4) (*🗺 H5*)
Der Ort ist nationale Gedenkstätte und makabre Touristenattraktion zugleich.

Killing Fields: Erinnerung an vier Jahre des Schreckens

Als erstes sollten Sie das Museum mit Fotos der Opfer und einem Film über die Pol-Pot-Ära besuchen (auf dem Areal gleich rechts). Aus dem Boden der Killing Fields über den Massengräbern schauen manchmal noch Stofffetzen hervor. Unter dem Dach des pagodenartigen Turmhäuschens stapeln sich unzählige Totenschädel, die den Besucher aus leeren Augenhöhlen anstarren. Auf den Feldern nahe Phnom Penh erschlugen die radikalen Steinzeit-Kommunisten 1975–79 mehr als 10 000 Menschen. Während der fast vierjährigen Schreckensherrschaft unter Pol Pot sind insgesamt etwa 1,5 Mio. Kambodschaner umgekommen. *Tgl. 8–17 Uhr | Eintritt 6 US$ inkl. deutschsprachigem Audioguide | etwa 15 km südlich von Phnom Penh*

SIHANOUK-VILLE

(140 B5) (🕮 F6) **Sihanoukville (ca. 160 000 Ew.) hat sich im vergangenen Jahrzehnt von einer provinziellen Hafenstadt zum trubeligen Badeort gemausert, an dem keine Wünsche unerfüllt bleiben: Happy-Hour-Cocktails, Go-go-Bars sowie Kasino und Karaoke für die vornehmlich chinesischen Gäste, die in Truppenstärke anreisen. Manch einer nennt die frühere Strandschönheit schon „Kasinoville". Oder auch: „Paradise Lost".**

Der Badeort (auch *Kampong Som* oder *Snook*) war eine Multikulti-Hochburg der Aussteiger, Abenteurer und Geschäftsleute aus aller Herren Länder (leider zunehmend Kriminelle aus dem organisierten Verbrechen). Die sieben Strände auf der Halbinsel könnten genauso gut auf Mallorca oder im chinesischen Macau liegen – wären da nicht die Strandhändlerinnen mit ihren Schultertragen voller verlockend-exotischem Obst und am Wochenende die Invasion der Khmer-Touristen beim Badespaß in voller Montur.

ESSEN & TRINKEN

Sihanoukville hat auf relativ kleinem Raum die größte Restaurantdichte und gastronomische Vielfalt in Kambodscha – zu Preisen, die kaum der Rede wert sind. Die schier endlos aneinandergereihten Strandlokale am *Ochheuteal Beach* versorgen die Gäste jede Nacht bei Kerzenschein mit Meeresfrüchte-BBQ *(ca. 2–3 Euro)*.

INSIDER TIPP BAMBOO BISTRO

Am abgelegenen, noch ruhigen Otres 2 Beach versorgt das Familienlokal seine Gäste mit Meeresfrüchten (den Seafood Platter probieren!), westlichen Klassikern wie Burger & Pommes, man sitzt bequem, die Füße im weichen Sand, Liegen, Cocktails und Bier vom Fass gibt es auch. *Tgl. | Otres Beach 2 | Tel. 012 6148 00 |* €–€€

MANOHA

Wer sich zwischen kambodschanisch und französisch nicht entscheiden kann, ist in dem winzigen netten Lokal richtig: Die Spei-

Tummelplatz der Einheimischen wie der internationalen Traveller-Community: Ochheuteal Beach

sekarte vereint all die mundwässernden Gerichte von Filetsteak und Froschschenkel bis Leckeres in Pfeffersauce. *Tgl. | Serendipity Beach Road | Tel. 034 6572666 |* €–€€

MARCO POLO

In dem rustikalen Garten- und Verandalokal gibt's die besten Salate, Pasta, *pizza e vino* und andere italienische Klassiker. *Tgl. | an der Straße zum Sokha Beach, ca. 100 m westlich der Löwenstatue am Kreisverkehr | Tel. 092 920866 | Facebook: marcopolo shv |* €–€€

NYAM

Kambodschanische Hausmannskost vom Feinsten. Das kleine Lokal ist immer voll, der Service professionell und die Speisen authentisch-lecker: Bananenblütensalat und Fischküchlein probieren, dann am besten Amok-Fisch oder Tintenfischspieße. Vegetarische Gerichte gibt es ebenfalls. *Tgl. | 23 Tola Street | Tel. 092 995074 |* €€

REN

Ob der Fisch „Amok läuft" oder das Hühnchen am Spieß daherkommt – in dem hoteleigenen Strandlokal isst man lecker bei netter Atmosphäre unter schattigen Kasuarinen. Die Weinkarte ist üppig, die Bedienung auf Zack. *243 Marina Road | Otres 2 Beach | Tel. 066 292526 | www.ren-resort.com |* €€

FREIZEIT & SPORT

INSELHOPPING (140 B5–6) (*E–F6*)

Ausflüge führen nach INSIDER TIPP *Koh Rong Samloem (ca. 2 Std. | www.koh-rong-samloem-island.com)* mit weiß blendenden Stränden, Leuchtturm und 15 zumeist simplen Bungalowanlagen *(www.lazybeachcambodia.com, www.ecoseadive.com |* €*)* und den *Robinson Bungalows (www.robinsonbungalows.com |* €*)* am Sunset Beach sowie immer besseren Anlagen wie das *Sweet Dreams (www.sweetdreamssamloem.com |* €*)* oder Luxus mit kleinem Pool wie in *The One Resort (theone-resort.com |* €€€*)* – alle Hotels sollten besser in der Hauptsaison vor Anreise gebucht werden, einen offiziellen ATM-Geldautomat gibt es hier nicht bzw. Umtausch (privat) nur gegen sehr hohe Gebühren.

Der Traumstrand, zu dem es derzeit alle zieht, liegt auf *Koh Rong (2 Std. per Boot, nicht mit Koh Rong Samloem zu verwechseln)*. Binnen Kurzem hat sich Koh Rong zur absoluten Party-Insel entwickelt – mit allem Drum und Dran wie exorbitanten Preisen für Hütten und Essen. Man logiert einfach im *Palm Beach (www.palmbeachkohrong.com |* €*)* oder etwas gehobener im *Pura Vita (www.puravitaresort.com |* €€*)*. Die Bootstouren kosten ab ca. 10 US$ p. P. je nach Entfernung.

INSIDER TIPP KOH TA KIEV

(140 B5) (*F6*)

Während sich das gegenüberliegende *Bamboo Island* zur Luxusinsel wandelt, behauptet sich das nur zehn Bootsmi-

nuten entfernte kleine Eiland *Ta Kiev* als letzte Robinson-Enklave. Das *Koh Ta Kiev Resort (5 Zi. | in der Regenzeit geschl. | Tel. 088 8 83 32 23 und 097 9 99 93 67)* und sein schmaler Strand unter Palmen und Kasuarinen sind noch vergleichsweise ruhig. Robinsons wohnen in bescheidenen, aber liebevoll gestalteten Bambus-Stelzenhütten mit Hängematte und Sitzkissen auf der Veranda. Terrassenlokal mit einheimischen Gerichten *(€)*. Kajaking, Sauna, Fischen.
Abenteuerliche Ausweich-Alternative mit Happy Hippie Feeling: das *Ten 103 Treehouse Bay (Tel. 097 9 43 75 87 | www.ten103cambodia.com | €)* mit Armee-Hängematten unterm Moskitonetz und Regenplane. Vergessen Sie nicht, Ihre Stirnlampe, ein Moskito-Killerspray und Oropax gegen das nächtlich-tierische Crescendo mitzunehmen. Dafür brüllen hier nicht einmal Generatoren. In den Bäumen verstecken sich außerdem drei offene Baumhäuser – und der Clou ist die Eukalyptus-Dampfsauna neben dem solarbetriebenen Klo- und Duschhäuschen.

TAUCHEN

Tauchkurse, Scuba-Trips und Schnorchelausflüge bietet der Dive Shop Cambodia zu 25 verschiedenen Tauchorten und Inseln, Open-water-Padi-Kurse und Nachttauchgänge unter deutsch-türkischer Leitung, beste Zeit: Nov.–März. *An der Straße zum Serendipity Beach, neben Monkey Republic | Tel. 034 93 36 64 | www.diveshopcambodia.com*

STRÄNDE

Sie haben die Wahl zwischen sieben unterschiedlichen Stränden (von Norden nach Süden):

LESEHUNGER & AUGENFUTTER

Wohin Du auch gehst – Benjamin Prüfers „fast unmögliche Liebe" zur HIV-positiven Prostituierten Sreykeo und seine liebevoll-irritierten Beobachtungen aus Kambodscha wurden 2009 verfilmt („Same Same but different", Regie: Detlev Buck). **Gebrauchsanweisung für Vietnam, Laos und Kambodscha** ist ein weiteres sehr persönliches Buch aus der Feder des Landeskenners, der mit Familie in Phnom Penh und Hamburg lebt (Piper, 2014)

Tomb Raider – Schlüsselszenen dieses Actionfilms mit Angelina Jolie in der Rolle der Lara Croft (USA 2001, Regie: Simon West) wurden in der Tempelruine Ta Prohm gedreht

The Killing Fields (Schreiendes Land) – Mit drei Oscars ausgezeichneter Film über die letzten Tage vor dem Fall Phnom Penhs an die Roten Khmer aus der Sicht des US-Journalisten Sidney Schanberg und seines Assistenten Dith Pran – mit John Malkovich in seinem Kinodebüt (USA 1984, Regie: Roland Joffé)

Kambodscha fürs Handgepäck – Unterschiedliche Perspektiven auf das Land, von einheimischen und ausländischen Autoren verschiedener Epochen, etwa in Französisch-Indochina, auf der Flucht vor den Roten Khmern und als Exil-Kambodschanerin (Unionsverlag 2013)

Wer Trubel sucht und die Fruchtlieferung frei Badelaken schätzt, ist am Serendipity Beach richtig

VICTORY BEACH UND HAWAII BEACH

Zwei kleine Sonnenuntergangsstrände, wegen ihrer Nähe zum Hafen bzw. Hotel-Hafen-Bauprojekten wenig attraktiv, eher badende Einheimische.

INDEPENDENCE BEACH & SOKHA BEACH

Von gleichnamigen Luxushotels besetzt und teilgesperrt, je 1 km lange, breite und (meist) einsame Strände mit Kasuarinen – am etwas felsigen Independence Beach trotten tatsächlich noch einige Zeburinder über den Strand.

SERENDIPITY BEACH UND OCHHEUTEAL BEACH

Die beiden Strände gehen nahtlos ineinander über, zusammen sind sie ca. 5 km lang. Wer Urlaubertrubel mit Seafood-Lokalen und Volleyball-Match, Sonnenschirmen und Liege-Plattformen, fliegenden Händlern, Maniküre und Masseurinnen, (organisiert) bettelnden Kindern, Banana Boats und Jetskis sucht, ist hier richtig. Am Strand gibt es derzeit mehrere Großbaustellen und auffallend viele Chinaimbisse, daher auch viel Müll. Fest in der Hand von chinesischen Reisegruppen.

OTRES BEACH 1 UND 2

Ein insgesamt 3 km langer, teils sehr schmaler Strand (Otres 1) unter Kasuarinen, der noch ruhiger ist als die og. Stadtstrände, v. a. der weiter abseits gelegene Otres Beach 2: Für Entspannung sorgen Liegen unter Schirmen (teils Leihgebühr von 2 US$), Masseurinnen und jede Menge Strandbars. Mit Baustellenlärm muss man allerdings auch hier am Traumstrand rechnen. *Ca. 3 km südöstlich von Sihanoukville*

AM ABEND

In der Pub Street nahe dem Kreisverkehr trifft man sich abends zum geselligen Bier, zu Pool Billard oder zum Sport gucken.

JACK & DANIELS

Ab 23 Uhr wird es voll auf dem Dancefloor, denn im Jack & Daniels landet unweigerlich, wer in Sihanoukville tanzen, feiern (auch Themenpartys) und sich bis in die

Morgenstunden vergnügen will. *Tgl. 18–ca. 3 Uhr | 500 Ochheuteal Street | Facebook: jackanddanielsbar*

ÜBERNACHTEN

INSIDER TIPP COOLABAH RESORT

Schicke, moderne Zimmer (Sat-TV, Safe, Minibar), alles blitzeblank, v. a. die gläsernen Sitzduschen sind der Hit. Mit Mini-Pool. *29 Zi. | an der Straße zum Ochheuteal Beach, ca. 300 m vom Strand | Tel. 017 67 82 18 | www.coolabah-hotel.com | €€*

INDEPENDENCE HOTEL

Herrlich restauriertes, abgelegenes Strandhotel: Das Hochhaus-Hotel beherbergt seine Gäste auf sieben Etagen in eleganten Zimmern mit allem Komfort, Pool und tollstem Panorama. Ein Blick in die Lobby lohnt sich. Einsame Sunset-Bar am Privatstrand, Schnäppchen (40 Prozent!) in der Nebensaison. *52 Zi. | Independence Beach | Tel. 034 93 43 00 | darahotels.asia | €€€*

SUNSET LOUNGE

Das kleine Gästehaus am Ende des Otres 1 Beach wird von Katie und Andreas liebevoll geführt – inklusive sauber geharktem Sand, der nur über die kleine ruhige Strandstraße liegt, quasi direkt vor den schlichten Reihenapartments (Küchenecke) und besseren Bungalows (minimalistisch-schicke Bäder), alle mit Hängematten und Liegen. *9 Zi. | Group 17 | Village 4 | Tel. 097 734 04 86 | www.sunsetlounge-guesthouse.com | €–€€*

ZIELE IN DER UMGEBUNG

INSIDER TIPP KOH KONG

(140 A4) (E5)

Die Stadt Koh Kong (auch: *Dong Tong;* ca. 50 000 Ew., 220 km nordwestlich von Sihanoukville) am Koh-Poi-Fluss mausert sich nach dem Bau der N 48 vom reinen Transitkaff auf dem Weg ins 10 km entfernte Thailand zum Ausweichort für alle, denen Sihanoukville zu trubelig ist. Ein bisher kaum genutztes Potenzial für den Öko-Tourismus: Koh Kong ist von weithin intakten Mangroven, Flüssen und Stränden eingerahmt, in der Ferne erheben sich die wilden, bis zu 1800 m hohen *Cardamom Mountains,* eine Art kambodschanischer Jurassic Park (mit dem angeblich zweitgrößten Dschungelgebiet auf dem südostasiatischen Festland nach Myanmar). In der Umgebung stürzen Wasserfälle in die Tiefe, z. B. der 5 m hohe *Ta Tai (20 km östlich)* und der *Ko Por*. Ausflüge auf die gleichnamige Insel (*Koh Kong:* das landesweit größte, aber fast unbewohnte Eiland), Ökotreks und Jeeptouren in die Berge sowie Bootsfahrten ins *Peam Krasaop Wildlife Sanctuary* verheißen jede Menge Abenteuer in menschenleerer Wildnis. Die Auswilderungsstation der *Wildlife Alliance* befindet sich in den Cardamom Moutains. Originell, besonders für Ruhesuchende, ist die *4 Rivers Floating Eco Lodge (12 Zi. | Peam Krasaop, per Bootstransfer um 14 und 17 Uhr ab dem Dorf Tatai | Tel. in Phnom Penh 023 21 73 74 | www.ecolodges.asia | €€€)*, eher ein schwimmendes luxuriöses Zelt-Hideaway auf einem Fluss mitten im Dschungel: Sie springen von der Terrasse gleich in Wasser, außer Naturausflüge, Kajaking und Spa gibt´s nicht viel zu tun ... In der Regenzeit eher nicht zu empfehlen. Das *Kasino* an der Grenze zieht die eher Vergnügungssüchtigen an (vor allem Thais). Das kleine *Oase (5 Zi. | Smach Mean Chey | Tel. 092 22 83 42 | oasisresort.netkhmer.com | €)* am nördlichen Stadtrand hält, was der Name verspricht: schlichte, familienfreundliche Bungalows (Sat.-TV, Kühlschrank) mit Veranda zum Pool. Herrlich am Wasser speist man im *Thmorda Crab House (Neang Kok | Tel.*

035 6901252 | €), v. a. Meeresfrüchte, auch für einen Sundowner auf kuschligen Sofas der geeignete Platz, für den Service sollte man etwas Zeit mitbringen. *Infos unter www.koh-kong.com*

REAM-NATIONALPARK

(140 B5–6) (🗺 F6)

Nehmen Sie eine Auszeit vom Trubel an den Stränden Sihanouks – hier erwartet Sie: Ruhe. Im Ream-Nationalpark (auch: *Preah Sihanouk;* 210 km²) geht es per Trekking, Rad- und Bootstouren auf dem Preak-Reak-Fluss in den Dschungel und zum *Andoung-Tuek-Wasserfall,* durch ökologisch wichtige Mangroven mit seltenen gefiederten Bewohnern (z. B. Fischadler, Störche, Nashorn- und Eisvögel) und Languren, an Strände und in Fischerdörfer. Möglich sind auch Schnorcheltouren aufs Meer zu den abgelegenen Inseln *Koh Thmei* und *Koh Ses (ca. 3 Std. entfernt). Tgl. 7–17 Uhr | 18 km östlich von Sihanoukville an der N 4 | NP-Büro mit englischsprachigen Rangern | Tel. 012 875096 | Trekks vor Ort ca. 8 US$ p.P. , vierstündiger Bootscharter ab ca. 40 US$, organisierte Halbtags-tour von Sihanoukville aus ca. 25 US$ p.P. (je nach Teilnehmerzahl).* Übernachtung möglich in spartanischen Hütten und *dorms* im Hostel *Monkey Maya Ream Beach (Facebook: ream.national. park | €)* oder im **INSIDER TIPP** *Koh Thmei Resort (7 Zi. | 60 Min. per Boot ab Koh Kchhang nach Koh Thmei | Tel. 097 7370400 und 089 897830 | www.koh-thmei-resort.com | €)* in rustikalen Öko-Stelzenhütten am langen Muschelstrand mit Korallenriff: Bei den deutschen Auswanderern Kavita und Michael wohnen Sie einfach, aber herzlich-familiär im bisher einzigen Insel-Resort, ausgestattet mit Solarstrom, Taschenlampe, Moskitonetz, Hängematten auf der Terrasse, Kaltwasserdusche und Ventilator. Man kann Ausflüge über die 40 km² große Insel unternehmen, seltene Vögel und Fledermäuse beobachten, im Lokal gibt´s Khmer-Speisen, Seafood, ein paar heimische Snacks und ab und zu Kuchen.

Ream National Park: Sehr einfach leben die Bewohner der Pfahlbauten am Preak-Reak-Fluss

ANGKOR & SIEM REAP

Vor mehr als tausend Jahren herrschten die Khmer-Könige (802–1431) in Angkor über 1 Mio. Untertanen und große Teile Südostasiens. Nach dem Niedergang des Imperiums der „Gottkönige" verschluckte der Dschungel allmählich die Bauwerke, die zu den großartigsten Meisterwerken und architektonischen Wundern Asiens, wenn nicht der Welt zählen.

Die Königsstadt Angkor ist zwar Weltkulturerbe der Unesco, jedoch alles andere als ein Museum: In dem Gelände leben und arbeiten rund 30 000 Menschen, vor den Buddhastatuen liegen Räucherstäbchen und kleine Gaben. Hochzeitsgesellschaften stellen sich vor Angkor Wat, dem größten Sakralbau der Welt, in Pose: Die Khmer-Braut in gold-glitzerndem Kostüm und mit Krönchen im hibiskusgeschmückten Haar könnte als Prinzessin aus dem Reich König Jayavarmans VII. auferstanden sein – wären da nicht die klobigen Plateauschuhe.

Mit der rasanten Zunahme der Touristen hat sich das 6 km entfernte Siem Reap von einem verschlafenen Marktflecken in ein trubeliges Touristenzentrum verwandelt – hier finden Angkor-Reisende die gesamte touristische Infrastruktur mit Hotels und Restaurants. Heute fast unvorstellbar: Ganz in der Nähe am Phnom Kulen und in der selten von Touristen besuchten Region um Battambang lag über Jahrzehnte die Hochburg der Roten Khmer. Nach Abzug der UN-Truppen fanden hier 1993–95 noch heftige Kämpfe statt. Bei Bootstouren erlebt man den schier endlosen Tonle-Sap-See mit sei-

Bild: Tempel Ta Prohm

Die sagenhafte Ruinenstadt Angkor ist das Wahrzeichen Kambodschas – und im Tonle-Sap-See schwimmen die Dörfer

nen Hausboot-Siedlungen und Stelzen-Hochhäusern. Eine Bootsfahrt endet in Battambang, der reizenden, zweitgrößten Stadt Kambodschas.

ANGKOR

DETAILKARTE AUF SEITE 142
(136 C3) (*F2*) **Im Morgengrauen fahren die Bus- und Tuktuk-Kolonnen von Siem Reap über eine 6 km lange Straße Richtung Angkor zum allseits beliebten Sonnenaufgang: Wie Scherenschnitte erscheinen die Türme von Angkor Wat vor dem Nachthimmel – und jeder will hier einen Platz in der ersten Reihe.** Das 800 Jahre alte Hauptbauwerk der Ruinenstadt mit seinen fünf markanten Spitzen stellt den Berg Meru dar – Sitz der Götter aus dem hinduistischen Pantheon. Aus dem benachbarten Kloster schallt der monotone Sprechgesang, mit dem die Mönche aus dem *dharma*, der Lehre Buddhas, rezitieren. Auf dem rund 1000 km² großen Gebiet der historischen Stadt Ang-

kor (in etwa die Größe Berlins) standen einst 600 Tempel! Heute sind noch rund 100 Tempelruinen erhalten. Neben *Angkor Wat*, dem berühmten Kloster, sind vor allem herausragend: *Angkor Thom* mit den riesigen Gesichtertürmen des Bayon, die von Mammutwurzeln der Urwaldrie-

In den Ruinen von Bayon

sen umklammerte *Ta-Prohm-Ruine* und die bezaubernden *Devatas* von *Banteay Srei* (im Volksmund: *Apsaras*). Die unzähligen in Sandstein gehauenen Skulpturen und Reliefs erzählen den Werdegang von Vishnu, dem Hindugott und Welterhalter, und aus dem Khmer-Alltag. Die tanzenden Apsaras, die mythologischen Garudavögel, die Affen und Dämonen – unsterbliche Zeugen der einstigen Hochkultur der Khmer.

Tickets für den Tempelkomplex sind im *Angkor Archeological Park* an den Ticketschaltern *(tgl. 5–17.30 Uhr)* erhältlich. Die meisten Tempel können 7.30–17.30 Uhr besichtigt werden, in den Sonnenaufgangsstunden nur die Tempel *Angkor Wat* und *Srah Srang (5–17.30 Uhr), Phnom Bakheng* und *Pre Rup (5–19 Uhr),* letztere also bis Sonnenuntergang. Die Tempel liegen 6–12 km nördlich von Siem Reap. Eintritt kostet für einen Tag 37 US$ (mit Passfoto, wird vor Ort gemacht), für drei Tage Eintritt 62 US$, wobei das Ticket zehn Tage lang gültig ist, und für sieben Tage Eintritt (Gültigkeit: 1 Monat) 72 US$, Kinder unter 12 Jahren haben freien Eintritt *(apsaraauthority.gov.kh).* Wer sein Ticket nach 17 Uhr kauft, kann gleich danach (ohne Kartenentwertung) mit den Massen zum Sonnenuntergangstrubel in die Tempelanlage strömen.

Guides nehmen etwa 35 US$, deutsch sprechende Guides verlangen oft ab ca. 60 US$/Tag *(www.cambodiatouristguide.com – offizielle Preisliste der Cambodia Tourist Guide Association, privat: www.guideangkor.com)*. Wer es sehr genau wissen will: Johann Reinhart Zieger *(Tel. 012 63 74 22 | angkorguide.net)*, pensionierter Lehrer, bietet fundierte Führungen und hat auch ein eigenen Angkor-Führer geschrieben.

Zwei Rundwege führen an den Bauwerken vorbei: der *Petit Circuit*, 17 km, und der *Grand Circuit*, 26 km. Sie können diese Rundtouren am besten mit einem Drei-Tages-Ticket abfahren, zur Verfügung stehen Elektro-Autos *(40 US$/Tag | www.blue-mobility.com.kh),* Taxis/Mietwagen *(nur Angkor ca. 30 US$/Tag, großer Circuit ca. 45 US$, Richtpreise für alle Ziele: www.angkortuktuktravel.com)*, Tuktuks *(ca. 15–25 US$/Tag)*, Mofataxis *(ca. 10 US$/Tag)* oder Fahrräder *(1–4 US$/Tag | www.thewhitebicycles.org, geben ihre Einnahmen an Bedürftige und Sozialprojekte ab)*, teils mit kleinem Elektromotor *(ca. 10 US$/Tag)* – alle Fahrzeuge können

Sie in den Hotels innerhalb kürzester Zeit reservieren lassen. 15–20minütige Elefantenritte sind möglich nahe dem Bayon-Tempel *(20 Min. 15 US$)* oder zum allseits beliebten Sonnenuntergangstrubel auf dem *Phnom Bakheng (25 US$ nur hochreiten, rechtzeitig reservieren!)*. Die kambodschanisch-deutsche Hilfsorgansation *Khmer for Khmer* für benachteiligte Jugendliche bietet für Touristen neben Trekkingtouren nach Phnom Kulen auch INSIDER TIPP tolle Radtouren nach Angkor – auf versteckten Schleichwegen und Trampelpaden: der 40-km-Radtrip führt entlang von Reisfeldern und Dörfern, über Bäche, Stock und Stein zu eher selten besuchten Tempelruinen *(tgl. 8–17 Uhr | 30–40 US$ „Spende" | Büro: Taphul Street | Tel. 093 90 30 24 (deutsch) und 093 30 36 56 | www.kko-cambodia.org)*.

Da die bei Tausenden Hobbyfotografen beliebten Orte für Sonnenaufgänge *(5.30–6.30 Uhr vor Angkor Wat)* und Sonnenuntergänge *(etwa 17.30/18 Uhr auf dem* Phnom Bakheng *und* Angkor *Wat)* zwischen November und März meist hoffnungslos überlaufen sind, hier einige noch vergleichsweise ruhige Alternativen: Sehr früh morgens lohnen sich der *Bayon*, dessen mysteriöse Gesichter allmählich im Sonnenlicht erscheinen, oder der *Ta Prohm*. Am Spätnachmittag und zum Sonnenuntergang können Sie als Alternative zum Phnom Bakheng den *Phnom Bok (25 km östlich von Siem Reap)* oder den *Phnom Krom (12 km südlich von Siem Reap am Tonle-Sap-See, s. S. 82)* sowie den Tempelberg *Pre Rup (ca. 8 km nordöstlich von Angkor Wat)* oder das antike königliche Schwimmbad *Srah Srang (ca. 6 km nordöstlich von Angkor Wat bei Ta Prohm)* aufsuchen. Mittags sind kaum Reisegruppen in den Tempeln, ebenso in den regenreichen Monaten September

MARCO POLO HIGHLIGHTS

★ Angkor Thom (Bayon)
200 Sandstein-Gesichter, die das Lächeln der Khmer für die Ewigkeit bewahren → S. 60

★ Angkor Wat
Kein Bauwerk in Angkor ist majestätischer als das berühmte Kloster von König Suryavarman II. → S. 62

★ Ta Prohm
Angkor geheimnisvoll-verwunschen: Ein ganzer Tempel im Würgegriff der Ficus-Bäume und Urwaldriesen → S. 64

★ Helikopterflüge
Mit dem Helikopter über Angkor – traumhafte Vogelperspektive → S. 65

★ Banteay Srei
Himmlisch-schön: die Devata-Göttinnen in der Nähe der Königsstadt Angkor verfolgen Besucher mit ihren Blicken → S. 65

★ Phnom Kulen
Wo noch bis Ende der 1990er die Roten Khmer herrschten, warten heute Buddha und Vishnu – beide entspannt liegend – auf Besuch → S. 67

★ Preah Vihear
Unesco-Tempel an der thailändischen Grenze mit tollem Blick auf Kambodscha → S. 68

★ Apsara-Theatre
Tänze und Khmer-Speisen genießen, z. B. in Siem Reap → S. 79

★ Raffles Grand Hotel d'Angkor
Kolossal kolonial und ausgestattet mit allem Luxus → S. 81

★ Tonle-Sap-See
„Schwimmende" Dörfer und Flutwälder bei Siem Reap → S. 82

und Oktober. Wer sich für von Baumwurzeln überwucherte Tempel mit Indiana-Jones-Flair interessiert, sollte außer *Ta Prohm* auch *Banteay Kdei* (12./13. Jh.) und *Ta Som* (12. Jh.) im Archäologischen Park besuchen. Kaum besuchte, noch überwucherte Tempel sind der außerhalb Angkors gelegene *Beng Mealea (Eintritt 5 US$ | 60 km östlich | s. S. 109)* und *Koh Ker (Eintritt 10 US$ | s. S. 102)*.

Für die Ruinenstadt brauchen Sie bequeme Schuhe oder Trekkingsandalen, ausreichend Wasser (ökologisch sinnvoll sind wiederauffüllbare Aluminiumflaschen, wo erfährt man unter *refillasia.com*), einen Schirm als Sonnen- und Regenschutz sowie angemessene (schulter- und kniebedeckende) Kleidung, dies ist eine religiöse Anlage! Nach mehreren Nachtfoto-Skandalen durch Touristen müssen nun Besucherinnen sogar BHs tragen. Bettelnden oder Getränke verkaufenden Kindern sollte man auf gar keinen Fall Geld geben – sie gehen nicht mehr zur Schule, teils müssen sie es sogar an Polizisten abgeben! Wer im Tempel von einem Mönch oder Tempeldiener einige Räucherstäbchen zum Gebet vor einer Buddha-Statue überreicht bekommt, sollte es entweder gleich freundlich lächelnd ablehnen oder sich mit den brennenden Stäbchen dreimal vor dem Schrein verbeugen – und natürlich eine kleine Riel-Spende geben.

SEHENSWERTES

ANGKOR PANORAMA MUSEUM ●

(136 C3) (*F2*)

Sich einen Überblick verschaffen, das Gebiet ist riesig und besteht nicht nur aus Angkor Wat allein: Mit Modellen, Fotos und Lageplänen können sich Besucher in diesem spannenden und modernen Museum seit 2015 erst einmal orientieren, über Touchscreens erfährt man mehr über 55 Tempel und 27 Khmer-Könige. Der 20-minütige 3-D-Film im Kinosaal bringt auch dem letzten Museums- und Geschichtsmuffel die Goldene Ära der Khmer eindringlich näher: Entstehung und Bau vom Angkor-Imperium, Traditionen und Kriege. Der Clou ist das 360-Grad-Panoramagemälde von nordkoreanischen Künstlern, das auf 123 Rundmetern so viele Details enthält, dass man vielleicht das echte Angkor hinterher mit ganz anderen Augen sieht – nicht voller Touristen, sondern voller Alltagsleben vor 1000 Jahren. *Tgl. 9–20 Uhr | Eintritt 20, Kinder 10 US$, ein Teil des Museums ist kostenlos zu | nahe dem Ticketbüro in Angkor | Road 60M | Sangkat Slor Kram | angkorpanoramamuseum.com*

ANGKOR THOM (BAYON) ★

DETAILKARTE AUF SEITE 143

Fünf Tore öffnen den Weg nach Angkor Thom, der 9 km^2 großen Stadt Jayavarmans VII. (1181 bis ca. 1220) – mit vermutlich bis zu 1 Mio. Ew. größer als jede europäische Stadt vor 800 Jahren. Zum meist besuchten Südtor *(2 km nördlich von Angkor Wat)* führt eine Brücke, die beidseits von 54 Göttern und 54 Dämonen flankiert wird, jeweils mit einer Nagaschlange in den Armen beim „Quirlen des Milchmeeres" (s. Angkor Wat). Auf dem Turm über dem Tor wachen vier monumentale Gesichter in jede Himmelsrichtung. Unübersehbar im Mittelpunkt der antiken Stadt erhebt sich auf drei ansteigenden Terrassen das buddhistische Heiligtum Bayon mit seinen einst 54 Türmen (37 noch erhalten) und rund 200 riesigen steinernen Gesichtern, die geheimnisvoll lächeln und keinen Besucher auch nur für einen Wimpernschlag aus ihren Augen zu lassen scheinen. Kein Wunder, denn sie stellen Lokeshvara (auch: Avalokiteshvara) dar: einen Bodhisattva, der laut Mahayana-Buddhismus Gläubigen auf ihrem Weg ins Nirwana hilft, selbst aber auf die

Erleuchtung als letzte Stufe verzichtet. Auf zwei Ebenen führen quadratische Galeriegänge um den Tempel mit beinahe lebendig wirkenden Reliefszenen aus dem Alltag Angkors: Schlachten und Märkte, Zirkus und Musikanten, Männer beim Hahnenkampf etc. Auf der dritten Ebene wird der zentrale Turm von einem labyrinthischen Wirrwarr aus Gängen umgeben, mit kleinen dunklen Kammern, in denen kahl geschorene, weiß gekleidete Frauen bzw. Nonnen bei der Andacht hocken und Räucherstäbchen glimmen. Die ruhigste Zeit ist hier sehr früh morgens zum Sonnenaufgang und dann wieder spätnachmittags ab 16/17 Uhr, ideal zum Fotografieren ist eher die restliche Zeit.

Ein angenehmer, teils schattiger Spaziergang bringt Sie vom Bayon zum 200 m nördlich gelegenen *Baphuon* und den folgenden Ruinen. Den Baphuon ließ Udayadityavarman II. um 1060 errichten: Der Tempel- und Götterberg in fünfstufiger Pyramidenform brach schon bald wegen seiner schlechten Statik zusammen. Er ist noch immer ein gigantisches Puzzle aus Abertausenden Felsquadern und Sandsteinblöcken, das französische Archäologen seit 1908 bzw. erneut seit 1995 mit Computerprogrammen zusammensetzen, z. B. die zwei Tribünen *(Zugang tgl. 6–15 Uhr)* und das erst 2008 fertig restaurierte Relief eines etwa 70 m langen liegenden Buddhas an der Westfassade. Wandeln Sie weiter entlang der 350 m langen *Elefantenterrasse*, einer 2,5 m hohe Tribüne für Jayavarman VII. mit Elefantenparade, Garudavögeln und Löwen – verewigt als lebensgroße Reliefs auf dem Fundament. Dahinter (westlich) erheben sich die Überreste des mehrstöckigen *Himmlischen Palasts (Phimeanakas)* mit Badebecken für die Konkubinen und die Männer. Einige Schritte weiter erreichen Sie die 25 m lange *Terrasse des Leprakönigs*, vermutlich benannt nach der hier aufgestellten Statue entweder von König Yasovarman I. oder vom Todesgott Yama (Original im Nationalmuseum in

Ein stetes Kommen und Gehen: Angkors Tempelanlagen ziehen die Menschen magisch an

Phnom Penh). Beachten Sie auch die fabelhaft erhaltenen INSIDER TIPP Halbreliefs aus dem 13. Jh., die sich unterhalb der Terrasse an der südlichen Innenwand verstecken: himmlische Apsara-Tänzerinnen, Dämonen und Nagas.

ANGKOR WAT ★ ●

DETAILKARTE AUF SEITE 142

König Suryavarman II. (ca. 1112–50), der Vishnu als höchste Gottheit verehrte, ließ das majestätische Bauwerk wahrscheinlich als Staatstempel in der ersten Hälfte des 12. Jhs. errichten, später diente es als Grabmal. Zu Angkor Wat hatten nur der König, Priester und Beamte sowie Bedienstete Zutritt – insgesamt vermutlich 20 000 Menschen. Das teils restaurierte Kloster symbolisiert mit perfekter Geometrie den Götterberg Meru und das hinduistische Universum, das jeder Besucher nach dem Eingangsportal durchschreitet: zuerst die Sandsteinbrücke über den 190 m breiten Graben (das „Urmeer"), dann der fast 500 m lange Damm mit siebenköpfigen Nagaschlangen als symbolische Brücke für die „irdischen" Besucher ins Heiligtum.

Über die kreuzförmige Ehrenterrasse und durch ein Portal erreicht man die Galerien, die links und rechts um das Tempelzentrum herumführen: mit insgesamt 800 m das längste Flachrelief der Welt! Spazieren Sie (rechts) entlang von Szenen aus dem Alltag Angkors und aus der Sagenwelt des indischen Ramayana/Reamker und Mahabharata: ganze Heerscharen von legendären Affenwesen, von Generälen und Soldaten, Elefanten und Streitwagen in historischen Schlachten. Suryavarman II. ist in der Mitte der nächsten Galerie (Südseite) zu erkennen, geschützt von 15 Ehrenschirmen. Biegen Sie abermals um die Ecke, und Sie stehen im östlichen Galeriegang vor dem berühmtesten Relief: die Götter und Dämonen beim „Quirlen des Milchmeeres" – sie ziehen und drehen die schier endlose Nagaschlange Vasuki, um ein Elixier, das *amrita*, für die Unsterblichkeit zu gewinnen. Mit von der Partie: Affengeneral Hanuman, Kriegsgott Indra, ein fünfköpfiger Shiva und Vishnu in seiner Inkarnation als Schildkröte. Wenn Sie nun wieder fast am Anfang des Rundgangs an der Westseite ankommen, können Sie die bekannteste Ramayana-Geschichte verfolgen, die Schlacht von Lanka: Rama kämpft auf den Schultern von Hanuman gegen den vielköpfigen Dämonenkönig Ravana, der Ramas Braut Sita entführt hat. Über Innenhöfe und halsbrecherisch steile Treppen gelangt der Besucher auf der dritten Ebene zum geometrischen Mittelpunkt in 42 m luftiger Höhe mit atemberaubendem Panorama: den 60 m hohen Zentralturm in Lotusknospen-Form. Der Wohnsitz der Götter – einst mit vergoldetem Vishnu – beherbergt heute eine Buddhastatue. Rund 1850 Apsaras wurden allein in Angkor Wat gezählt. *6 km nördlich von Siem Reap, unbedingt mehrmals zu unterschiedlichen Zeiten besuchen: ruhigste Besuchszeit bis 7.30 oder mittags 10.30–15 Uhr (überdachte Galerien), schönstes Licht am Nachmittag, beste Fotoposition für den Sonnenaufgang am nördlichen Becken (aber immer gut besucht)*

PHNOM BAKHENG (136 C3) (*🕮 F2*)

Kein Sonnenuntergang in Angkor ohne den Phnom Bakheng *(1,3 km nordwestlich von Angkor Wat, 400 m südlich vom Angkor-Thom-Südtor)*: Tausende Hobbyfotografen zieht es am späten Nachmittag auf den 67 m hohen Tempelberg (errichtet unter Yasovarman I., 889–910). Man könnte es auch die allabendliche „Sunset-Schlacht" nennen – 1994 traf man hier übrigens tatsächlich noch Soldaten mit Gewehr im Anschlag. Die herrliche Aussicht von diesem ersten Tempelberg in Angkor auf Angkor Wat und die anderen Bauwerke, die Reisfelder, Seen und Berge lohnt den steilen, 15-minütigen Aufstieg auch zu anderen Tageszeiten (z. B. von Sonnenaufgang bis 11 Uhr). Die Tempelruine erhebt sich in fünf Absätzen, eine Treppe führt hinauf, flankiert von Wächterlöwen und Türmchen. Ein Elefantenritt auf den Gipfel ist bei rechtzeitiger Reservierung möglich *(20–25 hoch oder runter, 40 US$ return)*.

Bauarbeiten zu Angkor Thom. Nahe dem östlichen Eingang überrascht ein fast griechisch anmutender, zweistöckiger Pavillon mit für Angkor untypischen runden Säulen – vielleicht wurde hier das königliche Heilige Schwert aufbewahrt, nach dem der Tempel benannt ist. INSIDER TIPP Herrliches Fotomotiv in der Nähe des Osttors (hinten): Zwei Ficusbäume kreuzen sich auf einem Dach, das ihre Wurzeln fest um-

Nicht ohne: Der Aufstieg zum Tempelberg Ta Keo. Der Blick von oben will verdient sein

PREAH KHAN (136 C3) (*𝕄 G2*)
Der von Jayavarman VII. 1191 vollendete, weitläufige Tempel *(1 km nordöstlich vom Angkor-Thom-Nordtor, ca. 7 km nördlich von Angkor Wat)* beeindruckt mit seinen Türmen, Korridoren und Torbögen, den 72 riesigen Garuda-Wächtern aus Sandstein und feingliedrigen, anmutigen Apsaras. Dieses große Heiligtum war insgesamt 515 Gottheiten aus Hinduismus und Buddhismus gewidmet, hier fanden religiöse Feste und Ahnenkulte statt. Es diente als Klosterschule und antike Klinik, zeitweilig auch als Wohnsitz des Königs während der klammern. Beste Besuchszeit ist 12–14 Uhr. Das *Visitor Center* vom World Monument Fund *(www.wmf.org)* nahe dem westlichen Haupteingang gibt einen guten Überblick über die Restaurierungsarbeiten seit 1991, wie etwa die hervorragende Rekonstruktion des „Feuerschrein"-Rasthauses.

TA KEO (136 C3) (*𝕄 G2*)
Steil über schmale, hohe Stufen geht es auf diesen Tempelberg *(ca. 6 km nordöstlich von Angkor Wat)*, der Ende des 10. Jhs. von Jayavarman V. begon-

nen und wahrscheinlich nie vollendet wurde (die fünf massiven Prasat-Türme sind ohne jegliche dekorative Steinmetzkunst). Das Heiligtum ist zu Ehren Shivas errichtet worden, was an seinem Reittier (dem am Eingang knienden Bullen Nandi) und den phallusartigen, den Hindugott symbolisierenden *lingas* in den Türmen zu erkennen ist.

TA PROHM ★ (136 C3) (*🗺 G2*)

Von den Wurzeln der Kapok-Baumriesen und Würgefeigen überwuchert, gesprengt und gleichzeitig zusammengehalten, herrscht zwischen den Trümmerbergen, den Türmen und schiefen Türstürzen von Ta Prohm eine geradezu verwunschene Atmosphäre. Weil das 1186 von Jayavarman VII. erbaute Kloster *(ca. 7 km nordöstlich von Angkor Wat)* mit Absicht von der Res-taurierung ausgeschlossen wurde (mit Ausnahme der Holzstege), ist dies heute einer der faszinierendsten und stimmungsvollsten Orte in Angkor und zeigt, wie vergänglich die Bauwerke sind. Hier können auch Sie sich wie Henri Mouhot, einer der ersten (Wieder-)Entdecker Angkors, fühlen oder wie Angelina Jolie im Actionfilm „Tomb Raider", von dem 2000 eine Schlüsselszene hier gedreht wurde. Manche nennen ihn daher den „Angelina-Jolie-Tempel": Hollywood ließ seine Lara Croft per Fallschirm auf dem Phnom Bakheng landen und von echten Mönchen segnen, im Ta Prohm über (Styropor-)Balustraden hechten und setzte sogar Raketenwerfer vor den Ruinen in Szene.

Man muss nur eine Lücke zwischen den Reisegruppen abpassen (die südöstlich in der Nähe liegende INSIDER TIPP Klosterruine Banteay Kdei aus dem 12./13. Jh. wäre eine ähnlich faszinierende Ausweichmöglichkeit, oder Sie lauschen den behin-

Das „Stillleben" mit Reisbauer trügt: Banteay Srei ist einer der meistbesuchten Tempel

derten Khmer-Musikanten am Eingang). Ta Prohm ist ein buddhistischer Flachtempel, Wassergräben und quadratische Galerien umschließen ihn. Fast unvorstellbar angesichts des labyrinthischen Steinechaos in den Höfen: In der antiken Universität lebten einst rund 12 000 Menschen, darunter viele Mönche. *Besonders schön und ruhig frühmorgens bei Sonnenaufgang bis ca. 7.30, und nach 16 Uhr*

ESSEN & TRINKEN

Das Essen ist auch in Angkor immer gleich ganz nah. Vor allen bekannten Tempeln finden Sie Imbissstände und Souvenirhändler. Empfehlenswert ist das Lokal *Chez Sophea & Matthieu (€€€)* vor Angkor Wat. Etwas preiswerter kann man im *Angkor Café (vor Angkor Wat | €–€€)* und bei *Eat at Khmer (vor Angkor Wat und vor Srah Srang | €)* speisen. Beim Banteay Kdei speist man ausgezeichnet im *Kolab Angkor (€€)* mit schönem Ausblick auf den Eastern Baray.

TOUREN

INSIDER TIPP HANUMAN

Wie wäre es denn mit einer Safaritour der ganz und gar anderen Art? Nahe den abgelegenen Tempeln (z. B. *Preah Vihear*, s. S. 68, *Koh Ker*, s. S. 102/Tour 1) können Sie in komfortablen Buschzelten übernachten – möglich macht das eine der ältesten Reiseagenturen in Kambodscha. *5 Krom 2 | Siem Reap | Tel. 063 96 32 13 | www.hanumantravel.com*

BESICHTIGUNG

HELIKOPTERFLÜGE ★

Die Ausmaße der gigantischen Tempelanlage sollten Sie sich einmal aus der Vogelperspektive ansehen: Ein achtminütiger Flug, d. h. nur Angkor Wat, kostet 100 US$, 14 Min. kosten 165 US$, es geht auch wesentlich teurer zu abgelegenen Tempeln wie Preah Vihear. *658 Hup Guan Street | Siem Reap | Tel. 063 96 33 16 | www.helicopterscambodia.com*

ZIELE IN DER UMGEBUNG

BANTEAY SREI ★ (137 D3) (*F2*)

Erst 1914 durch französische Wissenschaftler entdeckt, wird der kleine Tempel mit einigen der beeindruckendsten Steinmetzarbeiten Angkors heute von Reisegruppen regelrecht überrannt – viele Bereiche sind abgesperrt, um die Massen im Zaum zu halten und das Meisterwerk zu schützen. Das aus rötlichem Sandstein geschaffene Heiligtum (10. Jh.) bezaubert durch seine absolut perfekten, geradezu märchenhaft schönen, besonders plastisch wirkenden Reliefs – v. a. der Devatas in den Turmnischen, der wunderschönen weiblichen Gottheiten, die dem Besucher auf Schritt und Tritt mit ihren Blicken zu folgen scheinen. Beachten Sie auch über dem Eingang der südlichen *Bibliothek*, wie der vielarmige Dämonenkönig Ravana den Berg Kailash schüttelt, auf dem Shiva und Uma thronen.

Besuchen Sie den Tempel unbedingt vor 7 Uhr – ab 7.30 Uhr kommen die Tourbusse –, in der Mittagszeit (ab 14 Uhr schönstes Licht) oder spätnachmittags (16 Uhr) *(tgl. 5–17 Uhr | Ca. 25 km nordöstlich von Angkor, ca. 35 km von Siem Reap)*. Der Besuch kann bei einem Tagesausflug mit folgenden Stätten kombiniert werden: *Kbal Spean (12 km nordwestlich)*, *Phnom Kulen* und gegebenenfalls dem *Minenmuseum* sowie bei sehr frühem Aufbruch eventuell mit *Beng Mealea.*

BANTEAY SREY BUTTERFLY CENTRE

(137 D3) *(🗺 F2)*

Wer mal eine kunterbunte Abwechslung braucht, ist hier richtig, vor allem mit Kindern: Im tropischen Garten flattern unter einem Netz Tausende von Schmetterlingen, die es nur in Kambodscha gibt. Einer farbenprächtiger als der andere, ein Paradies für Hobbyfotografen. Die Guides erklären den Lebenszyklus: von der Raupe, die auf Raupenfarmen in der Region für den Export in Zoos gezüchtet werden, über die Verpuppung und das Kochen der Kokons (zum Lösen des Fadens bei der Seidenherstellung) bis zum Schlüpfen der flatternden Schönheiten. Mit dem Projekt werden die umliegenden Gemeinden und Raupenfarmen unterstützt. *Tgl. 9–17 Uhr | Eintritt: Erw. 4, Kinder 2 US$ | 25 km nördlich von Siem Reap, auf der Straße zum Banteay Srey | www.angkorbutterfly.com*

MINENMUSEUM VON AKI RA (CAMBODIA LAND MINE MUSEUM RELIEF FACILITY)

(136–137 C–D3) *(🗺 G2)*

Der Gründer dieses Museums, Aki Ra, hat als Soldat jahrelang die Minen entschärft, die er als Kindersoldat bei den Roten Khmer selbst gelegt hatte. Eine Art Trainingsminenfeld, das Sie mit einem Detektor begehen können, eine informative Ausstellung mit vielen deaktivierten Minen, Granaten und anderen Waffen, eine Schule sowie ein Rehabilitationscenter für Minenopfer gehören zu der Anlage. Nicht zu verwechseln ist dies Haus mit dem rein kommerziellen Minen-Museum an der N 6! *Tgl. 7.30–17.30 Uhr | Eintritt 5 US$ | nordöstlich von Siem Reap auf dem Angkor-Gelände, ca. 6 km südlich von Banteay Srei | www.cambodialandminemuseum.org*

VON APSARAS, LINGAS UND NAGAS

apsaras – himmlische, nymphenhafte Tänzerinnen, oft auf Reliefs in Dreiergruppen
Bodhisattva – „Erleuchtungswesen", das auf das Nirwana verzichtet, um den Menschen statt dessen zuvor auf ihrem Weg dorthin zu helfen
devarajas – Gottkönige, die das Khmer-Imperium gründeten
dharma – die Lehre Buddhas
devatas – weibliche Gottheiten, oft opulent geschmückte und aufrecht stehende Wächterinnen
gopura – turmartiges Tor oder Pavillon als Tempeleingang
karma – Schicksalsgesetz, nach dem gute Taten im Leben zur Belohnung im Leben nach der Wiedergeburt führen
linga – Phallussymbol Shivas
Lokeshvara (Avalokiteshvara) – „Herr der Welt", ein Bodhisattva
nagas – uralte Gottheiten in Gestalt von Schlangen und Drachen, Schöpfer des Mekongs und vieler asiatischer Königreiche. Der Naga-King ist kobraförmig mit mehreren Köpfen, oft am Ende einer Treppe bzw. Balustrade
nirvana – „Erlöschen" des Daseins am Ende des Kreislaufs der Wiedergeburten (und des Leidens), erreichbar durch die Erleuchtung
phnom – Berg, Hügel
prasat – Tempelturm
sanskrit – alte indische Sprache
stung, tonle – Fluss, See
wat – buddhistisches Kloster

Auf dem heiligsten Berg des Lands: Buddhastatue im Wat Preah Ang Thom

PHNOM KULEN UND KBAL SPEAN (FLUSS DER TAUSEND LINGAS) ★

(137 D3) (*🗺 G2*)

Wer meint, hier geht es nur zu einem x-beliebigen Wasserfall mit Picknickplatz und Selfiemöglichkeit, der irrt gewaltig: Hier wandeln Sie nicht nur in den Fußstapfen Angelina Jolies sondern auch auf den Spuren des ersten Khmer-Königs – noch 350 Jahre vor dem Bau Angkor Wats! Eine gigantische *lost city* im Urwald: *Mahendraparvata*. Größer als Berlin, und möglicherweise das zu jenen Zeiten größte Reich auf Erden, die größte Metropole aus dem 12. und 13. Jh.

Die wahren Ausmaße des städtisch angelegten Reichs mit seinen heute unter der Vegetation verborgenen Überresten eines modernen Straßennetzes mit Dämmen und Gräben, Wasserbecken und Kanälen am Fuß des Phnom Kulen haben französische und australische Archäologen mit Hilfe der Laser-Scan-Technologie *Lidar* erst seit 2012 festgestellt und in Modellen sichtbar machen können. Selbst das monumentale Sakralbauwerk Angkor Wat war in dieser mittelalterlichen Megacity nur ein winziger Fleck.

Der 487 m hohe, heilige Phnom Kulen im gleichnamigen Nationalpark wird jedoch schon länger als Geburtsstätte des Khmer-Imperiums betrachtet. 802 n. Chr. ließ sich Jayavarman II. hier als erster *devaraja*, ein gottgleich verehrter König, krönen und gründete sein Reich Mahendraparvata, das kurze Zeit später nach Roluos verlegt wurde. Vor allem an Wochenenden zieht es viele Khmer zum *Wat Preah Ang Thom* auf dem Gipfel mit herrlichem Ausblick, wo sie am ca. 10 m langen, ins Nirwana eingegangenen Buddha Opfergaben darbringen und dann zum Picknick am nahe gelegenen 30 m hohen zweistufigen Wasserfall gehen.

Tief im Regenwald am westlichen Ausläufer des riesigen Phnom-Kulen-

Plateaus versteckt sich der *Kbal Spean* (auch: *Fluss der tausend Lingas*), der erst 1969 von einem französischen Wissenschaftler entdeckt wurde. Der Bach fließt seit fast tausend Jahren über zahllose in den Fels geschlagene Reliefs: Szenen aus dem Ramayana, der liegende Vishnu, Brahma und Shiva, Apsaras und über Hunderte von kleinen Lingas, die phallusartigen Fruchtbarkeitssymbole, die Shiva symbolisieren und die das Flusswasser quasi automatisch durchs Drüberfließen segnen und für die Bewässerung der Reisfelder fruchtbarer machen sollten. Den leicht ansteigenden Weg *(1,5 km, ca. 45 Min.)* sollten Sie nicht verlassen, da die Gegend bis 1995 Kampfgebiet war und derzeit noch von deutschen Fachleuten entmint wird. Eine Überraschung birgt die Weiterfahrt nach Srah Damrei an den Rand des ca. 350 m hohen Kulen-Plateaus, wo große Sandsteinskulpturen warten: ein Elefant, Löwen, Ochsen und Frösche. Kbal Spean ist im Angkor-Ticket enthalten und nur bis 15 Uhr geöffnet; Phnom Kulen kostet 20 US$ extra „private Straßennutzungsgebühr". *45 km nordöstlich von Siem Reap, 12 km von Banteay Srei | die Wochenenden besser meiden, wenn man nicht viel Trubel mag*

Den Ausflug nach Kbal Spean können Sie mit einem Besuch bei den deutschen Tierschützern des ACCB und ihrer INSIDER TIPP zoologischen Aufzuchtstation für seltene Tiere verbinden. *Angkor Centre for Conservation of Biodiversity | Kbal Spean | Tel. 099 60 40 17 | www.accb-cambodia.org | 1,5-std. Führung Mo–Sa 9 und 13 Uhr, gegen eine kleine Spende, auch in deutsch bei rechtzeitiger Anfrage*

PREAH VIHEAR ★ (137 E2) (*G2*)

In spektakulärer Lage auf den steil abfallenden Damrek-Bergen thront der Preah Vihear sozusagen über dem äußersten Norden Kambodschas. Der Tempel (9.–12. Jh.) liegt auf kambodschanischem Boden im Grenzgebiet zu Thailand. 2008 hat die Unesco Preah Vihear zum Weltkulturerbe ernannt, daraufhin war ein heftiger, seit Jahrhunderten schwelender Grenzkonflikt wieder aufgeflammt, aber nach einem UN-Richterspruch herrscht seit einigen Jahren Ruhe. Über steile Naga-Treppen und vier Terrassen steigt das Heiligtum wie ein Götterthron mit *gopura*-Pavillons, Säulen, Türmen und Galerien bis auf 600 m Höhe an. Auf dem obersten Plateau bricht der Boden an einer Felsenklippe senkrecht ab und bietet einen atemberaubenden Blick über das Land, das sich leer und verlassen zu Füßen der Tempelbesucher erstreckt. In der Gegend gibt es wegen der starken Verminung kaum Siedlungen, nur den Hotelort Sra Em. Der noch immer selten besuchte Tempel ist INSIDER TIPP eine der ruhigsten und abgelegensten Unesco-Tempeloasen in ganz Asien! Das Auswärtige Amt rät dringend dazu, sich vor der Reise nach Preah Vihear nach der konkreten Situation zu informieren, da eine Verschärfung der politischen Lage jederzeit möglich ist. *Tgl. 8–17 Uhr | Eintritt 10 US$ zzgl. 25 US$ extra für den Allradlaster auf den Berg oder 5 US$ fürs Moped-Taxi; Alternative ist eine steile Holztreppe mit rund 2100 Stufen | etwa 200 km nordöstlich von Siem Reap, 3,5 Std. auf der neuen Straße N 67 über Anlong Veng bis Sra Em (30 km vor Preah Vihear), wo viele Hotels eröffnet haben, z. B. das motelartige Sopheakmongkol mit herrlich altmodischen Zimmern und Pool (6 Zi. | Tel. 012 58 59 33 | sopheakmongkol-motel-restaurant.com | €)*

ROLUOS-GRUPPE (137 D3) (*G2*)

Die drei Tempel – *Bakong, Preah Ko, Lolei* – sind die Überreste der ersten größeren Hauptstadt des Khmer-Imperiums, die von Jayavarman II. im 9. Jh. gegründet worden war: Hariharalaya, benannt nach Hari Hara, einer hinduistischen Gottheit. Innerhalb von 70 Jahren entstanden hier die Vorläufer der berühmten Angkor-Bauten, erstmals aus Sandstein statt Holz und Ziegeln. Am beeindruckendsten ist der fünfstufige Tempel Bakong (881 erbaut) im Zentrum, der zu Ehren Shivas errichtet wurde, mit seinem ☀ Zentralturm im Angkor-Stil (das *Independence-Monument* in Phnom Penh ist ihm nachempfunden), der von weiteren acht Türmen bzw. deren Überresten umgeben ist. Nördlich erheben sich die sechs Prasat-Türme von *Preah Ko*, die von Nandi, dem Reitstier Shivas, Wächterfiguren und steinernen Löwen bewacht werden. Auffallend über vielen Portalen: Kala, ein mythologischer Dämon mit großem Maul und Glubschaugen. *13 km östlich von Siem Reap an der N 6 Richtung Phnom Penh, nahe dem Ort Roluos (Teile werden derzeit restauriert)*

WESTLICHER BARAY (137 C3) (*F2*)
Während die meisten Bewässerungsbecken und -gräben aus der Angkor-Epoche heute verschlammt bzw. ausgetrocknet sind, wird das 17 km^2 große westliche Becken noch immer genutzt. Die Macht des Khmer-Imperiums erklärt sich durch die damalige Beherrschung des Wassers und die kluge Ausnutzung der Monsunzeiten. Die Khmer-Könige ließen erstmals gigantische Wasserreservoirs anlegen, um die Felder der rund 80 000 Bauern auch in der Trockenzeit bewässern zu können. In der Regenzeit füllten sich diese Becken mit bis zu 40 Mio. m^3 Monsunwasser. Durch ein natürliches Gefälle gelangte das Wasser über ein Netz aus Kanälen auf die Felder. Dadurch steigerten die Khmer ihre Reiserträge bei mehreren Ernten im Jahr.
Genießen Sie Bootsfahrten zum *West Mebon Tempel* in der Mitte des Sees oder ein Picknick (dem Khmer-Badespaß sollte man angesichts des nicht ganz so verlockenden Wassers besser nur zugucken). *N 6 hinter dem Airport, ca. 9 km westlich von Siem Reap und Angkor*

Das Wasser beherrschen: Der westliche Baray aus der Angkor-Epoche wird bis heute genutzt

BATTAMBANG

(136 B4) (🗺 F3) **Die zweitgrößte Stadt Kambodschas (180 000 Ew.) präsentiert sich als überschaubare grüne Oase mit Alleen, Palmen und Frangipani-Bäumen zwischen einigen prachtvollen Pagoden.** Viele französisch-chinesische Kolonialbauten und Villen, wie die imposante Gouverneursresidenz, und typische Shophouses finden sich entlang der *Uferpromenade* am Stung Sangker und der lebhaften Street 3. Die Provinzhauptstadt lohnt vor allem wegen ihrer (noch) friedlichen und geruhsamen Atmosphäre als Abwechslung vom Touristenrummel im zweieinhalb Autostunden entfernten Siem Reap oder als Zwischenstopp auf der Reise von oder nach Thailand. Morgens ist die beste Zeit für einen Marktbummel auf dem *Phsar Nath*, der als pyramidenartiges, ockergelbes Bauwerk in moderner Khmer-Architektur mit Uhrturm nicht zu übersehen ist. Da die Provinz als Reiskammer des Lands zu den reichsten und fruchtbarsten Kambodschas zählt, türmen sich hier Obst, Gemüse, Reis und sogar die Edelsteine.

ESSEN & TRINKEN

Am Nachmittag füllen sich die Suppenküchen des Riverside Nightmarket und versorgen ihre Gäste auf Plastikschemeln mit einfacher Khmer-Kost (für kaum mehr als 1 Euro) und für den, der es mag, mit frittierten Grillen.

KHMER NOODLE

Der Name ist Programm: Aber das einfache Open-Air-Lokal am Fluss bietet mehr als nur Nudelsuppen, natürlich die ganze Palette der Khmer-Klassiker und auch Vegetarisches. Die Preise sind nicht der Rede wert. *Tgl. | am Night Market, Riverside/Uferstraße | Tel. 031 6 77 77 78 |* €

Reise im Bamboo Train, der kambodschanischen Antwort auf die Draisine

FREIZEIT & SPORT

BOOTS-, KAJAK- UND RADTOUREN

Radeln oder paddeln Sie entspannt am oder auf dem Fluss, vorbei an alten eisernen Brücken und Palmen in die ländliche Idylle, in der die Zeit stehen geblieben scheint: entlang terrassierter Gemüsefelder, vorbei an Bambus-Stelzenhäusern in Fischerdörfern, an Tempeln und durch üppig grüne Landschaften *(Info: Green Orange Kayaks | www.fedacambodia.org)*. Bei einer der schönsten Bootsfahrten Kambodschas tuckert man auf dem Sangker-Fluss über den riesigen Tonle-Sap-See in Richtung Siem Reap durch Marschland, Vogelschutzgebiete wie Prek Toal und entlang zahlloser Hausbootsiedlungen – am besten ist dafür die Zeit von August bis Januar geeignet *(4–10 Stunden je nach Wasserstand, nicht zu empfehlen in der höchsten Trockenzeit März–Mai, da es dann oft zu Pannen durch Überladung und Auf-Grund-laufen kommt)*.

INSIDER TIPP PHARE PONLEU SELPAK (ZIRKUSSCHULE)

In dem engagierten Ausbildungsprojekt und Waisenhaus werden derzeit etwa 100 Kinder und Jugendliche, darunter ca. 30 Waisen und Straßenkinder, zu Artisten ausgebildet. Außerdem gibt es Unterricht in Musik, Theater und Tanz, Malen und Schneidern. Man schließt mit den Kindern eine Art mündlichen Vertrag: Sie müssen am Schulunterricht teilnehmen, erst dann dürfen sie sich im Zirkuszelt als Clowns, Zauberer oder am Trapez versuchen. Wochentags um 9, 10, 14.30 und 15.30 können Besucher bei einstündigen Führungen beim Üben zuschauen und die Ausstellung bewundern. *Shows: Mo, Do, Sa 19–20.30 Uhr mit anschließendem Dinner (unregelmäßig Juni–Okt.) | ca. 14, Kinder 7 US$ | Anh Chanh Village | ca. 1 km westlich der Vishnu-Statue an der N 5 rechts in einen Feldweg abbiegen (ausgeschildert) | Tel. 077 55 44 13 | www.phareps.org*

AM ABEND

MADISON CORNER

Französische Küche, hier gibt es vorwiegend Crepes und Salate auf tausendundeine Art, Fast-Food, Eiscreme und alle möglichen Schnäpse, Bier, Cocktails, hausgemachter Rum. Auch Frühstück

LOW BUDG€T

In *Chea's Guesthouse* in Siem Reap **(0)** ***(🕮 0)*** wohnen Sie bei einem herzlichen deutsch-kambodschanischen Paar für 8–15 US$ in ordentlichen Zimmern (Sat.-TV) inklusive üppigem Frühstück und Gratisrädern. *18 Zi. | N 6, ca. 2 km östlich vom touristischen Stadtzentrum/Alter Markt | Tel. 012 36 22 40*

Im *Temple Club* in Siem Reap **(143 B3)** ***(🕮 b3)*** dauert die Happy Hour den ganzen Tag, und eine Gratis-Apsara-Tanzshow zieht im *Temple Balcony* (1. St.) die preisbewussten Massen zu Pizza, Burger und Khmer-Food (die Rechnung gut prüfen!). *Tgl. 19.30–21.30 Uhr | Pub Street | Tel. 015 99 99 09*

Viel Leistung für wenig Geld und überraschend komfortable Balkonzimmer bietet das *Emerald BB* in Battambang – der Preis ab 15–20 US$ ist nicht der Rede wert. *57 Zi. | Street 207 | Romcheck 4 | Tel. 053 95 38 89 u. 077 47 47 89*

und Milkshakes. *Ab 18 Uhr | Street 2,5, im Südwesten vom Markt* | €

ÜBERNACHTEN

Battambang ist die Stadt mit dem INSIDER TIPP besten Preis-Leistungsverhältnis bei Hotels.

Den Gipfel des legendären Bergs Phnom Sampeau krönen reich verzierte Pagoden

KING FY

Das Khmer-Hotel am Fluss bietet ein tolles Stadtpanorama (nicht nur von der *Sky Bar* mit Dachlokal), herrlich altmodische Möbel in Wifi-Zimmern mit floralen Mustertapeten, schöne schwere Pfostenbetten aus Schnitzkunst, moderne Bäder und einen Indoor-Pool. *65 Zi. | 306 Street 155 | Romchek 4 | Tel. 053 5 00 05 10 | www.kingfyhotel.com* | €

LA VILLA

Die Kolonialvilla aus den 1930er-Jahren beherbergt ihre Gäste in teils riesigen, säulengetragenen Zimmern mit Terrasse/Balkon, teils unterm Dach: stilvoller Mix aus antikem Mobiliar (Sekretär, Truhe, Pfostenbett, Paravent) und supermoderner Ausstattung (Flach-TV, DVD). Zimmer 2 betritt man durch eine ovale Art-déco-Flügeltür! Pool-Oase im Garten, sehr gutes Restaurant mit Bar unter einer originellen Glas-Eisen-Konstruktion. *7 Zi. | 185 Pom Romchek 5, östliche Uferstraße | Tel. 053 73 01 51 | www.lavilla-battambang.net* | €€

ROYAL

Alt und jung treffen sich im bewährten, dreistöckigen Hotel mit bester Reiseinformation. Unterschiedlich ausgestattete Zimmer (teils Sat.-TV, Klimaanlage, Heißwasserdusche). Tolles Panorama von der Dachterrasse. *45 Zi. | kleine Straße westlich vom Markt | Tel. 016 91 20 34 | www.royalhotelbattambang.com* | €

ZIELE IN DER UMGEBUNG

INSIDER TIPP BAMBOO TRAIN
Reisen wie die Khmer: Eine spannende einstündige Fahrt auf dem originellen Schienen-Transportmittel namens *nori*. Einfach auf das Bambus-Holz-Gestell mit Rädern setzen, und ab geht die holprige Fahrt mit Generator-Antrieb und bis zu 40 km/h – mitsamt Reissäcken, Mopeds, Hühnern und sogar Rindern.
Aber auch Kambodscha wird moderner, und so musste der Bambuszug Ende 2017 der echten, modernisierten Bahn weichen. Abfahrt auf der 4-km-Bambusbahn-Strecke ist jetzt das Dorf Sang (Kanteu II), ca. 20 km außerhalb am Fuß des Phnom Banan (ca. 500 m vom gleichnamigen Tempel) bis nach Chhoeuteal. *Vor Ort kostet der Spaß ca. 5 US$ p. P. je nach Anzahl Passagiere oder ob reiner Touristencharter | Info: über die Hotels*

PHNOM SAMPEAU
(136 B4) (*E3*)
Der 160 m hohe Berg stellt der Legende nach ein zu Stein erstarrtes Schiff dar, mit dem einst der König von Siam die Prinzessin Neang Rumsay Sok aus der Stadt Takeo im Süden Kambodschas bis hierher entführt hatte.
Haben Sie die 700 Stufen (20 Minuten zu Fuß oder schneller im Tuktuk) in der Gesellschaft einiger neugieriger Makaken und Kinder erklommen, können Sie die Augen wandern lassen über grüne Palmenwipfel und Reisfelder, den *Phnom Krapeu* (Krokodilsberg) und den 400 m hohen *Phnom Banan* auf dessen Plateau ein fünftürmiger Tempel mit Steinmetzarbeiten aus dem 11. Jh. thront *(25 km südlich von Battambang)*.
Der Phnom Sampeau birgt in seinem Inneren gleich mehrere Höhlen mit buddhistischen Schreinen, im Nirwana liegenden Buddhas und zwei Pagoden mit Wandmalereien. An der Bergflanke in der *Teng-Klun-Höhle* liegt eine fast unheimliche Gedenkstätte *(Killing Caves, Laang Kirirum)* zu Ehren Tausender Opfer des Pol-Pot-Regimes, darunter auch der Mönche, die hier zwischen 1975 und 1979 über die senkrecht abbrechende Klippe geworfen wurden. Ihre hinter Glas verwahrten Knochenreste und Schädel bewacht ein liegender Buddha. Die verstreuten Waffenreste (etwa ein vietnamesisches Abwehrgeschütz) sind stumme Zeugen der Zeit, als der Berg noch strategischer Stützpunkt der Roten Khmer war.
Zum Sonnenuntergang verdunkelt sich allabendlich der Himmel bei einem wirklich spektakulären Naturereignis, wenn ● INSIDER TIPP Abertausende Fledermäuse aus den Höhlen zur nächtlichen Futtersuche ausschwärmen. *Eintritt 3 US$/ | 12 km südwestlich von Battambang an der N 57 Richtung Pailin*

SIEM REAP

KARTE AUF SEITE 143
(136 C3) (*F2*) **Um Boomtown Siem Reap kommt kein Kambodscha-Besucher herum – die Stadt ist und war schon immer die Ausgangsbasis aller Tempelentdecker.**

Ein Baurausch mit wahrer Goldgräberstimmung hat zur Jahrtausendwende das Städtchen (ca. 150 000 Ew.) erfasst. Ein Ende ist nicht in Sicht, an der Airport Road reiht sich ein klobiges Angkor-Barock-Fantasy-Hotel ans nächste. Angesichts der massiven Bebauung mit gigantischen Anlagen und Golfplätzen (1994 gab es drei Hotels in Siem Reap, heute sind es weit über 500!), reden manche Kritiker schon davon, dass sich dieselben Probleme wiederholen, weswegen das Khmer-Reich vor 1000 Jahren

WOHIN ZUERST?
Alter Markt (Phsar Chas) (143 B3) (*b3*): Rund um den Alten Markt *(Phsar Chas)* tauchen Sie ein in das bunte Treiben und das Gewusel: zwischen Khmer-Händlerinnen auf dem Markt, Obstständen und der allseits beliebten Pub Street und ihrem Schilderwald. Besonders abends herrscht hier Sehen und Gesehen werden bei Billard. Einen öffentlichen Nahverkehr gibt es nicht, dafür aber jede Menge Taxis, Tuktuks, Cyclos und Co.

vermutlich aufgegeben werden musste: Wasserknappheit, Abholzung der Wälder, dadurch wiederum zuviel Wasser bei Überflutungen in der Regenzeit.
In dem ganzen Schilderwald – Pancakes, Sushi, Angkor Beer, Karaoke – sind die charmanten ursprünglichen Seiten Siem Reaps kaum noch zu sehen: Am Ufer des Stung Siem Reap behaupten sich noch einige Kolonialhäuschen der Franzosen im Schatten der Tamarinden. Wie Phönix aus der Asche erhob sich auch das ehrenwerte Grand Hotel d'Angkor, in dem einst Charlie Chaplin genächtigt hat. In den 1970er-Jahren von den Roten Khmer geplündert, ist die Hotel-Legende heute nicht selten ausgebucht. Bei Ausflügen ins Umland, etwa mit dem Rad dem Fluss nur wenige Kilometer folgend, geht es durch noch immer bäuerliche Alltagswelt fast wie vor 100 Jahren.

SEHENSWERTES

ANGKOR NATIONAL MUSEUM
(0) (*0*)
Hier erhalten Sie eine sehr gute (aber leider auch teure) Einführung vor dem Besuch der Tempelruinen, denn in Angkor selbst sind viele Statuen nur als Kopien oder gar nicht mehr vorhanden: Das moderne Museum inklusive Kinosaal *(Show alle 15 Min.)* zeigt in

Angkor National Museum, Galerie der 1000 Buddhas: Zählen Sie doch mal nach!

seiner chronologischen Ausstellung zahlreiche Buddhastatuen, Büsten der Khmer-Könige, Stelen mit historischen Inschriften und weitere architektonische Fragmente aus unterschiedlichen Epochen. *Tgl. Okt–März 8.30–18.30, April–Sept. 8.30–18 Uhr, außer an Feiertagen (Einkaufscenter: tgl. 10–20 Uhr) | Eintritt 12 US$, plus Audio Tour Guide in Englisch ca. 2,50 US$ | Vithei Charles de Gaulle, Straße nach Angkor | www.angkornationalmuseum.com*

INSIDER TIPP CONSERVATION D'ANGKOR (0) (*0*)

Tausende wertvoller Skulpturen lagerten hier seit mehr als 100 Jahren bewacht und hinter dicken Gittern – einen Kunstraub mit schweren Waffen hat es in der Vergangenheit schon öfter gegeben. Ganze Torbögen und Balustraden lehnen an Lagerhauswänden, phallusartige *linga*-Sockel liegen kreuz und quer, Dämonen hocken brav neben kopflosen Buddhas und Shivas. Die *L´École française d´Extrême-Orient* (EFEO) hatte diese Schätze während ihrer Restaurierungen in Angkor seit 1908 zusammengetragen, bis auch die französischen Archäologen 1975 das Land der mordenden Roten Khmer verlassen mussten.

Vieles aus den verschlossenen Lagerhäusern mit einst geschätzten 6000 Objekten ist heute *Angkor National Museum* zu bewundern. In diese versteckte Schatzkammer der Archäologen kommt man einmal im Jahr beim „Tag der offenen Tür" (wechselnde Daten) und mit Privattouren von einigen Hotels wie dem *Amansara (short.travel/kam9)*. Manchmal öffnet aber auch ein Wachmann bei freundlichem Auftreten und gegen eine kleine „Spende" von ca. 5 US$ p.P. Auf dem Gelände befindet sich auch das Büro des *German Apsara Conservation Projects (GACP)*, in dem meist ein deutscher Mitarbeiter oder Student gern Auskunft gibt über den Stand der schier endlosen Restaurierungsarbeiten an Angkor Wats 1850 himmlischen Apsaras bzw. Devatas. *Tgl. 8–18 Uhr | Phum Traeng, etwas außerhalb an der nördlichen Pokambor Street am Siem-Reap-Fluss, Bezirk Khum Slor Kram | www.efeo.fr*

WAT BO (143 C3) (*c3*)

Eine der ältesten und meistverehrten Pagoden in Siem Reap (teils in Restauration): herrliche alte Wandmalereien (Ende 19. Jh.) mit teils farbenprächtigen Szenen aus dem Ramayana/Reamker – einmal nicht in der kitschig-bunten Version, die man sonst überall sieht. Suchen und bewundern Sie in den Bildern auch den Opium rauchenden chinesischen Markthändler und die französischen Soldaten, die beim traditionellen Apsara-Tanz zuschauen. Außerdem sind einige alte Trommeln ausgestellt, aber auch sonst ist auf dem schönen Gelände viel zu sehen: Begräbnis-Stupas, teils verwitterte Skulpturen und Reliefs. *Mo–Do 6–18, Fr–So 6–17 Uhr | Wat Bo Street, nahe Theachamrat Street*

ESSEN & TRINKEN

Gut und billig können Sie den ganzen Tag an der Nordseite des Alten Markts *(Phsar Chas)* (143 B3) (*b3*) in einfachen Suppenküchen essen, etwa die Klassiker Nudelsuppe, Bratreis und Bratnudeln für 1,50 Euro. Ansonsten warten gut 200 Restaurants in Siem Reap auf Gäste. Viele hübsche, neue Gartenlokale finden sich in der Wat Bo Street auf der östlichen Flussseite.

L'ANGELO (0) (*0*)

Der exklusive Italiener serviert beste norditalienische Küche mit einem Hauch asiatischer Ingredienzen in stilvoller Atmosphäre. *Tgl. ab 18 Uhr | Vithei Charles de Gaulle (im Le-Meridien-Hotel), an der Straße nach Angkor Wat, ca. 2 km nördlich | Tel. 063 96 39 00 | €€€*

CHARCOAL CAFÉ (143 C3) (*a c3*)
Modernes kambodschanisches Lokal in unaufdringlich-schickem Design: etwas abseits der Touristenzone, freundliche Bedienung und hervorragende Khmer-Küche mit einer französischen Note. Interessante Salatvariationen, Pizza und Pasta, Burger und Kebab, Steaks und Lachs. Sie können im Garten speisen oder drinnen, unter Ventilatoren und viel Grün. *Tgl. | 729 Wat Bo Street, Ecke Street 22 | Tel. 063 96 65 50 | www.charcoalcafe.com | €–€€*

THE SUGAR PALM (143 A2) (*a a2*)
In dem Verandahaus im traditionellen Stil werden vorwiegend leckere Khmer-Speisen serviert; es lohnt sich, die große Weinkarte zu studieren. Abends beliebte Bar mit spottbilligen Cocktails und open end. *So geschl. | Taphul Road | Tel. 063 6 36 20 60 | www.thesugarpalm.com | €€*

VIROTH'S (143 C3) (*a c3*)
Erstaunlich preiswerte Khmer-Gerichte und Weine in schlicht-elegantem Ambiente: Man speist in dem überdachten Open-Air-Lokal zwischen Palmengarten und plätschernden Teichen. *Tgl. | 99 Wat Bo Street, hinter Residence Hotel | Tel. 012 82 63 46 | www.viroth-restaurant.com | €*

EINKAUFEN

In Siem Reap kann das Shoppen süchtig machen, es gibt neben den traditionellen (Nacht-)Märkten (handeln!) Hunderte von Läden und vor allem entlang der *Sivatha Street* immer mehr riesige klimatisierte Einkaufscenter (feste Preise!).

ALTER MARKT (PHSAR CHAS) ●
(143 B3) (*a b3*)
Souvenir- und Schnäppchenjäger stöbern stundenlang zwischen Hunderten von Ständen mit Seiden- und Silberwaren, Kunsthandwerk, Rattanmöbeln, Statuen in allen Größen, traditionellen Musikinstrumenten, *krama*-Tüchern, Schmuck, DVDs und CDs, aber auch Koffern, Taschen, Haushaltsgegenständen, Bergen aus Obst, Fisch, Fleisch – alles unter einem Dach im Herzen der Stadt. Handeln nicht vergessen! Empfehlenswert ist der INSIDER TIPP Stand Nr. 14 der netten Pisey, die für ihre Seidenwaren und den Schmuck, besonders die silbernen Ohrringe, immer faire Preise bietet. Rund um den Markt haben sich viele Boutiquen, Kunsthandwerksläden und Galerien angesiedelt. *6 bis ca. 20 Uhr, beste Preise morgens | Pokambor Ave., am westlichen Flussufer*

ANGKOR COOKIES – MADAM SACHIKO (0) (*a 0*)
Kekse in Angkor-Form mit diversen Aromen von Kaffee über Kokosnuss bis Pfeffer, außerdem Schokolade, Fruchtshakes, Tee, Kaffee, Palmzucker – alles kambodschanische Produkte. Ein kleines Café ist angeschlossen. *Tgl. 9.30–19 Uhr | an der Straße nach Angkor, gegenüber dem Sofitel Hotel | www.angkorcookies.com*

ANGKOR NIGHT MARKET
(143 A3) (*a a3*)
Auch der erste Angkor Night Market sorgt für *happy shopping* an fast 200 Kunsthandwerksständen in Bambushütten mit Souvenirs und originellen Produkten aus Wasserhyazinthen, Kokosnüssen, Reispapier, Holz und Leder (Schattentheater-Figuren), außerdem ein 3-D-Kino und gelegentlich Livebands in der strohgedeckten Island Bar. *Tgl. 16–24 Uhr | westlich der Sivatha Street | www.angkornightmarket.com*

ARTISANS D'ANGKOR (0) *(0)*
Höchste Qualität zu ebensolchen Preisen: Aus einem Ausbildungsprojekt entstanden, wurden hier schon Tausende junger Kambodschaner zu Künstlern, Steinmetzen, Töpfern, Weberinnen usw. ausgebildet und sind heute an den Profiten beteiligt. Es gibt zwei Filialen. *Siem Reap: tgl. 7.30–18.30 Uhr | Stung Thmey Street (mit Werkstatt-Besichtigung)* sowie 16 km außerhalb in der *Angkor Silk Farm: tgl. 8–17.30 Uhr | mit Gratisbesichtigung der einzelnen Produktionsschritte von der Maulbeerplantage über die Seidenraupenzucht bis zur Seidenweberei | angeschlossenes Museum | an der N 6 Richtung Battambang | Shuttlebusse ab Hauptfiliale um 9.30 und 13.30 Uhr | Tel. 063 96 33 30 | www.artisansdangkor.com*

PICH REAMKER (143 B2) *(b2)*
Hier bekommen Sie die vollständig handbemalten Masken und den prachtvollen, goldenen Kopfschmuck aus dem traditionellen Ramayana/Reamker-Tanz. *Tgl. 7.30–20.30 Uhr | 591 Hup Guan Street, hinter dem Zentralmarkt/Phsar Kandal, und im Nightmarket vertreten*

SENTEURS D'ANGKOR
(143 B3) *(b3)*
Hier erwartet Sie eine wohlriechende Sinfonie für die Sinne: Gewürze, Khmer-Curry-Pulver und Kokosnussöl, handgemachte Seifen, Badesalze und Tigerbalm, Tees, Kaffees und Reiswein mit Zimt- oder Ingwergeschmack, Räucherstäbchen, legendärer Kampot-Pfeffer und Cashewnüsse – lauter hübsche oder wohlschmeckende Mitbringsel. *Tgl. 7.30–22 Uhr | Hospital Street, gegenüber vom Phsar Chas | senteursdangkor.com*

SMATERIA (143 B3) *(b3)*
Wie wäre es mit einer schicken Handtasche aus einem Tetra-Pak-Milchkarton? Oder einem Schlüsselanhänger aus Recycling-Plastik? Wie man aus Fischernetzen, Plastikmüll und anderem „Straßenmaterial" funky Accessoires herstellt, zeigen

Top-Adresse, um Mitbringsel zu besorgen: der Night Market in Siem Reap

die Italienerinnen Elisa und Jennifer (mithilfe ihrer 50 kambodschanischen, teils behinderten Angestellten), durchaus kreativ und umweltbewusst, z. B. in *The Alley West, nahe Pub Street, auch ein Laden im Airport Phnom Penh | www.smateria.com*

THEAM'S HOUSE (0) (*0*)

Gemäldegalerie, Studio, Shop und Gartenoase in einem: In der modernen Villa bekommt man Buddhas, Elefanten und Geckos in allen Größen, Formen und Farben, als Mitbringsel fürs Handgepäck, Wohnaccessoire oder für den Garten zu Hause. *Tgl. 8–19 Uhr | No. 25, Veal Village | Khum Kokchak | Filiale im Sofitel Angkor | www.theamshouse.com*

AUSKUNFT

Infos erhalten Sie in allen Gästehäusern und Hotels – und oftmals besser als im offiziellen Tourismusbüro (gegenüber vom Raffles Hotel). Lesenswert sind die überall ausliegenden, vierteljährlichen Hefte *Siem Reap Visitors Guide*, *Pocket Guide Siem Reap* und *Ancient Angkor Guidebook*.

FREIZEIT

DR. FISH MASSAGEN ● (143 A3) (*a3*)

Der witzig-kitzlige Trend in Asien: Füße bei der Besichtigung der Tempel wundgelaufen? Kein Problem für Dr. Fish: Diese angesagte Wellness-Institution und Pediküre mit akademischem Grad lässt Garra-Rufa-Winzlinge (auch Kangal-Fische genannt) an Hornhaut und Schuppen knabbern (ursprünglich stammt diese tierische Spa-Behandlung übrigens aus der Türkei, wo sie schon im 19. Jh. angewendet wurde). *Tgl. ab 16 Uhr | z. B. auf dem Angkor Night Market | Tel. 017 41 24 75 | 20 Min. ab ca. 1,50 Euro*

FRANGIPANI SPA ● (143 B2) (*b2*)

Einer der besten Spas in Siem Reap: zarte Hände, die genau den richtigen Druck ausüben, leise Musik, angenehme Düfte und ein Tamarind-Drink – mit klassischen Tropical-Massagen *(60 Min. 35 US$)*, Fußmassagen, Kräuterbädern, *Khmer Coffee Scrub* oder Facials (Gesichtsbehandlungen) können Sie sich hier stilvoll verwöhnen lassen. *Di–So 10–20 Uhr | Spa-Package, 120 Min., 63 US$ | 24 Hup Guan Street, kleine Straße zwischen Riviera Hotel und Zentralmarkt/ Phsar Kandal | Tel. 063 96 43 91 | www.frangipanisiemreap.com*

KOCHKURS

Wenn Sie einen Blick in die Khmer-Woks und -Töpfe werfen wollen, sollten Sie einen der angesagten Kochkurse buchen, mit morgendlicher Einkaufsrunde auf dem Markt – z. B. bei *Le Tigre de Papier* –, deren Einnahmen einer Hotelschule zugutekommen *(drei Stunden 15 US$ | Tel. 085 62 43 27 | www.angkor-cooking-class-cambodia.com)*, oder bei den beliebten *Cooks in Tuktuks* vom Rivergarden Restaurant *(drei Stunden 35 US$ | Tel. 063 96 34 00 | www.therivergarden.info)*.

PHARE CAMBODIAN ZIRKUS (0) (*0*)

Die Attraktion aus Battambang gibt es nun auch in Siem Reap im roten Zirkuszelt: Artistik, Schauspiel, Modern Dance und Comedy von jungen Leuten, die in dem Ausbildungsprojekt in Battambang anfingen. Mittlerweile geben die Artisten selbst **INSIDER TIPP** Workshops für jugendliche und junggebliebene (bewegliche) Touristen in Siem Reap. *Shows Nov.–Feb. Mo, Do, Sa 17 Uhr, sonst tgl. 20 Uhr | Erwachsene 18–38 US$, Kinder (5–11 J.) 10–18 US$; Workshops ab 45 US$ (inkl. Show und Dinner) | Comaille Road (hinter Angkor National Museum) | www.pharecircus.org*

TOUREN

BUFFALO TOURS (0) (0)
Bewährter Veranstalter mit Touren von Abenteuer bis Luxus, z. B. „Elefanten-Führerschein" oder per Rad von Saigon nach Angkor. *344 Sivutha, nahe Riverside Hotel | Tel. 063 96 56 70 | www.buffalotours.com*

wände mit aktuellen Sportberichten nicht zusagen, schauen Sie hier vorbei:

APSARA THEATRE ★ (143 C3) (c3)
Lust auf Kultur? Im Apsara-Theatre können Sie in einem großen Holzpavillon im traditionellen Stil bei Khmer-Gerichten die berühmten Apsara-Tänze genießen.

Apsara-Tänzerinnen stellen Geschichten aus der kambodschanischen Sagenwelt dar

AM ABEND

Bei rund 100 Bars fällt der Überblick schwer: Die Travellerszene trifft sich in der *Pub Street* (keine 50 m nördlich vom Alten Markt), die abends zur trubeligen Fußgängerzone wird – manche erinnert sie auch an einen kambodschanischen Ballermann, auf die Taschen sollte man hier achtgeben: z. B. *Angkor What?*, immer noch populärer Pionier unter den Pubs in Pub Street. Hier wird bis in den Morgen getanzt (manchmal auf den Tischen) oder Billard gespielt *(ab 18 Uhr)*. Wenn Ihnen *Beer Girls* und Riesenlein-

Show tgl. um 20 und 21.30 Uhr (1. Mai–15. Okt. nur Di, Do und Sa 19.30 Uhr) | Eintritt 25 USS, Reservierung empfohlen | Wat Bo Street, gegenüber Angkor Village Hotel | Tel. 063 96 33 61 | www.angkorvillagehotel.asia/apsara-theatre

The INSIDER TIPP *Sacred Dancers of Angkor* *(Mi/So 19 Uhr | 30 US$ ohne Dinner, Kinder unter 12 J. 15 US$ | 234 River Road, im The Divine Sala | Tel. 012 77 26 41 | Facebook: SacredDancersOfAngkor, nkfc.org/vocational.html)* treten im Hof eines hübschen hölzernen Hauses auf. Diese Tanzshow einer kambodschanischen Hilfsorganisation (NKFC) finden

Endloses Halligalli: An Abendunterhaltung herrscht in Siem Reaps Pubs kein Mangel

auch Kinder wegen der schillernden Kostüme und Masken meist sehr interessant, v. a. wenn Affengott Hanuman aus dem Reamker-Epos (Ramayana) auftritt. Weitere Shows in den Luxushotels wie dem *Raffles (tgl. Buffet und BBQ ab 19, Show 19.45 Uhr)*.

CAFÉ CENTRAL (143 B3) (*b3*)
In dem restaurierten Kolonialhaus gibt es für jeden Geschmack etwas (Salate, Suppen, Kuchen) – das ist auch das Motto der philippinischen Hausband. *Tgl. ab 7 Uhr, ab 21 Uhr Livekonzerte | nordwestliche Ecke, gegenüber vom Phsar Chas | Facebook: cafecentralsiemreap*

INSIDER TIPP **MISS WONG**
(143 B3) (*b3*)
Als wäre man im alten Shanghai in einer winzigen, relaxten Opiumhöhle: Hier schmecken die Cocktails (bei etwas höheren Preisen) zwischen Ballonlampen, Kalligrafien und bronzenen Drachen. Der Gastwirt begrüßt jeden noch per Handschlag, zur Stärkung gibt es kleine Snacks wie *Dim Sum. Tgl. 18–1 Uhr | The Lane, Parallelgasse nördlich der Pub Street | www.misswong.net*

SORIA MORIA ROOFTOP BAR
(143 C3) (*c3*)
Auf dem Dach können Sie sich bei einer lauen Brise zum Sonnenuntergang abkühlen oder mit Cocktail im himmlischen Sky-Jacuzzi vor sich hin blubbern. Happy Hour 17–19 Uhr (mittwochs alle Drinks und Tapas nicht mal 1 Euro, das reicht erstmal als gute „Basis"!). Angesagte Khmer-Fusion-Küche, Movie-Night jeden Abend in der Trockenzeit. Übrigens auch wunderbare Zimmer *(€€). Wat Bo Street, Ecke Street 24 | www.thesoriamoria.com*

THE RED PIANO (143 B3) (*b3*)
Sehen und gesehen werden, wo sich einst auch Angelina Jolie und ihre Filmcrew blicken ließen. Der Service ist nett, die Preise für internationale Speisen und Getränke sind niedrig, und die Stimmung

ist gut. Den besten Überblick beim Tomb-Raider-Cocktail aufs nächtliche Treiben gibt es von der Veranda im 1. Stock (am besten reservieren!). *Tgl. ab 9.30 Uhr | Pub Street | Tel. 063 964750 | www.redpianocambodia.com*

ÜBERNACHTEN

ANGKOR VILLAGE HOTEL

(143 C3) (*c3*)

Tolle Herberge in Siem Reap: etwas eng stehende Cottages (*€€€*) im Khmer-Stil mit Pfostenbetten und liebevoller Deko in kleiner Garten-Oase. Kein TV, aber WiFi, Pool, Business Center und Kochkurse. *38 Zi. | Wat Bo Street | Tel. 063 963361 | www.angkorvillagehotel.asia | €€€*

FUNKY FLASHPACKER (143 A2) (*a2*)

Neue Generation von „Boutique"-Jugendherberge: stylish und modern, selbst im Schlafsaal (mit Queen-Size-Betten!), Wifi, Pool und 360-Grad-Dachterrassen-Sky-Bar. Wen Dauerbeschallung mit Musik nicht stört, der ist hier oder am immer gut besuchten Pool bestens aufgehoben. *24 Zi. | Funky Lane | Tel. 096 7521040 | www.funkyflashpacker.com | €*

GOLDEN MANGO INN (0) (*0*)

Eine nette Khmer-Familie empfängt ihre Gäste in einem hübschen Hotel am Stadtrand: schön dekorierte und ruhige Wifi-Zimmer um einen schmalen Pool, sehr gutes Frühstück, sogar einen Früchtekorb gibt's zur Begrüßung. Ins Ortszentrum geht's mit Gratisrädern (3km). *24 Zi. | Nr. 0658 an der N 6 | Chongkaosou Village | Slor Kram | Tel. 063 761857 | www.goldenmangoinn.com | €–€€*

PALM VILLAGE RESORT & SPA

(0) (*0*)

Idyllische Bungalowanlage auf dem Land INSIDERTIPP nahe Angkor: Die Bambushütten (mit Sat-TV, Kühlschrank) verteilen sich im üppigen Garten zwischen Mangobäumen, Palmen und Frangipani, lichtdurchflutete Duschbäder, Pool und Gartenlokal, Aussichtsturm. *16 Zi. | Phum Trapaing Ses Village, an der N 6 Richtung Airport rechter Abzweig hinter dem Goldiana-Hotel | Tel. 012 631141 | www.palmvillage.com.kh | €€*

RAFFLES GRAND HOTEL D'ANGKOR ★

(143 C1) (*c1*)

Die Zeitreise beginnt bereits im lautlos schwebenden *Birdcage*-Aufzug: Hier logierten in den vergangenen 70 Jahren Sultane, Charlie Chaplin und Jacqueline Kennedy. Herrliche Balkonzimmer und Suiten im originalen Kolonialbau und im neuen, perfekt auf „kolonial" getrimmten Seitenflügel, gigantischer 35-m-Pool in tropischem Garten, elegantestes Restaurant in Siem Reap. Zum Nachmittagstee versammelt man sich im Café *The Conservatory* bei *high tea* und Pianoklängen. Auch Honeymoon-Arrangements wie Massagen zu zweit, private Candlelight-Dinner im Tempel mit Apsara-Tanzshow und eigenem Butler oder in der wunderbaren Cabana-Suite mit „aphrodisischen Menüs". *120 Zi. und Suiten, 2 Villen | Vithei Charles de Gaulle | Tel. 063 963888 | www.raffles.com | €€€*

SHINTA MANI RESORT

(143 B2) (*b2*)

Herrliche Wohlfühlherberge mitten im Herzen der Stadt mit schönen, von Bill Bensley designten Zimmern, großem Pool mit Liegewiese, Spa und zwei Restaurants. *62 Zi. | Omn Khun, Ecke Street 14 | Svay Dangkum | Tel. 063 964123 | www.shintamani.com/resort | €€€*

VIROTH'S HOTEL (143 C3) (*c3*)

Nahezu das gesamte, minimalistisch designte Mobiliar in dem weißen Minihotel im modernen Khmer-Architektur-Stil ist aus Naturstein (auch das Bett), helle Zimmer mit Terrasse oder Balkon, kleiner Salzwasserpool und gemütliche Dachterrasse mit Spa und Jacuzzi. Sehr stilvoll ist schon der INSIDER TIPP Transfer vom Airport: im Retroschlitten, einem schicken alten Mercedes. *7 Zi. | Street 23, zwischen River Street und Wat Bo Street nahe Theachamrat Street | Tel. 012 778096 | www.viroth-hotel.com* | €€

ZIELE IN DER UMGEBUNG

INSIDER TIPP PHNOM KROM
(136 C3) (*F3*)

Der rund 140 m hohe Phnom Krom beim Dorf Chong Khneas belohnt den Aufstieg über die Naga-Treppe am Abend mit einem idyllischen Sonnenuntergang, bei dem die Sonne die umliegende Wasserwelt wie Gold glitzern lässt. Yasovarman I. ließ hier zu Ehren der drei Hindugötter Shiva, Vishnu und Brahma im 10. Jh. einen Tempel errichten, dessen drei Sandsteintürme noch erhalten sind. Sie können diesen Ausflug gut mit dem Rad unternehmen *(ca. 1 Std. Fahrt, insgesamt etwa 3 Std. einplanen). Eintritt frei mit Angkor Pass | Tempel schließt um 18.30 Uhr. 12 km südwestlich von Siem Reap*

PREK TOAL (136 C3) (*F3*)

Ein Tagesausflug per Boot nach Prek Toal mit seinen „schwimmenden" Dörfern ist mit mehr als hundert hier lebenden Vogelarten nicht nur für Ornithologen interessant. In dem Vogelschutzgebiet (31 000 ha) tummeln sich u. a. bedrohte Störche, Silberreiher, Graupelikane, Saruskraniche, Ibisse und Fischadler (beste Zeit: sehr früh morgens oder spätnachmittags von Dez./Jan.–Mai/Juni). *Infos: Vogelschutzorganisation Sam Veasna* im *Wat Bo (www.samveasna.org)* und INSIDER TIPP Ökoveranstalter *Osmose (Tagestour ca. 110 US$, Zweitagestour mit Übernachtung im Homestay ca. 140 US$ | www.osmosetonlesap.net)*

TONLE-SAP-SEE ★
(136–137 C–D 3–4) (*F–G3*)

Auch hier gilt wie überall sonst: Suchen Sie sich einen ordentlichen Veranstalter, und bitte nicht geizig sein – und sich dann womöglich hinterher ärgern über Massentourismus und „Abzocke"! Wer denkt, für einen Schnäppchenpreis (20 Euro) einen lohnenswerten Tagesausflugsdeal auf den berühmt-berüchtigten Tonle-Sap-See bei Chong Khneas gemacht zu haben, der kommt knapp 20 Jahre zu spät: Neuerdings liegt der „offizielle" Eintrittspreis für die *Floating Villages* allein schon bei 20 US$. Aber es geht auch anders: Einfach mal ausweichen! Nach einer Radtour gen Süden entlang des Siem-Reap-Flusses mit seinen teils überdachten Holzbrücken und Wasserrädern, kleinen Dörfern und Pagoden unter Palmen, Stelzenlokalen über Reisfeldern und weiten Lotusteichen erreicht man nach 12 km den Tonle-Sap-

See. Auf dem gigantischen See, einem Biosphärenreservat, glitzert es während und nach der Regenzeit nass bis zum Horizont. Jedes Jahr, wenn der Flussriese die Monsunmassen und das Schmelzwasser des Himalaya nicht mehr halten kann, wechselt sein Nebenfluss Tonle Sap die Richtung (Juni und Ende Oktober) und fließt rückwärts in den Tonle-Sap-See. Der See wächst um ein normalerweise gut Fünffaches (von 2500 auf 12 000 km²). Das Naturwunder macht den Tonle Sap angeblich zum fischreichsten Binnensee der Welt. Mit Wurfnetzen, Bambusreusen und Fangkammern fischen die Kambodschaner hier die zehnfache Fangmenge der Nordsee.

Zieht sich das Wasser in der Trockenzeit wieder zurück, folgen die Kambodschaner mit ihren Hausbooten in „schwimmenden" Dörfern. Ein Sprichwort besagt: *Mean toek, mean trey* (wo Wasser ist, sind Fische). Andere wohnen in Pfahlhaus-Siedlungen wie in *Chong Khneas* (8000 Ew.) und *Kampong Phluk* (3000 Ew.; beide in der Hochsaison überlaufen, sehr touristisch, viele Bettler wie die sogenannten Reis-Kinder). Hier lassen sich die Häuser nach jahrtausendealter Methode wie mit einem Fahrstuhl dem Wasserstand anpassen – der Bambus-Fußboden wird einfach mit Seilen höher verankert. Weniger touristische Dörfer sind das eher ärmliche *Kampong Khleang* (ca. 50 km südöstlich von Siem Reap) mit seinen bis zu 10 m hohen Stelzen-Hochhäusern, was man in der Trockenzeit gut sehen kann, dann riecht es hier allerdings weniger gut ...

Bei organisierten Bootsfahrten bzw. Kajaktouren *(am besten in der Regenzeit Aug.–Dez. und unbedingt über einen seriösen Anbieter buchen! | Tagestour ca. 50 Euro p. P. | Infos: s. S. 79 Touren oder mit Terre Cambodge (www.terrecambodge.com) oder Triple A Cambodia (tripleacambodia.com)* können Sie diese ● amphibische Welt aus „schwimmenden" Dörfern und Flutwäldern besuchen. Oder wie wäre ein Dinnercruise zum Sonnenuntergang mit dem *Tara Boat (www.taraboat.com)*?

Stelzenhäuser auf einem ganz speziellen Naturwunder – dem riesigen Tonle-Sap-See

ENTLANG DES MEKONG

Am Mekong wartet eine Welt voller märchenhafter, fast surrealer Eindrücke: in der Regenzeit versunkene Wälder in einem Labyrinth aus Flussarmen und Inseln – und Fische, die um Baumkronen schwimmen. Staubig-rote Pisten beherrschen dagegen die jahrzehntelang isolierten Provinzen Ratanakiri und Mondulkiri im Landesosten.

Die Flussstädtchen Kratie und Stung Treng bezaubern durch ihr Provinzflair. Der Reiz liegt im gemächlichen Sichtreiben-lassen auf Booten und Märkten, Bekanntschaftmachen mit Fischern und Mönchen. Einen Eindruck vom ländlichen Alltag erlebt man bei Klosteraufenthalten oder *homestays*. Nahe Kratie tummeln sich die letzten Irrawaddy-Süßwasserdelphine Kambodschas.

Eine Reise nach Ratanakiri und Mondulkiri überrascht mit vielen Naturschätzen und Minderheitenstämmen, die in manchen entlegenen Dörfern noch immer Lichtjahre entfernt vom modernen Kambodscha des 21. Jhs. leben. Ihre uralten Traditionen und ihr Besitz sind jedoch bedroht – ebenso wie der Lebensraum der letzten wilden Elefanten: In beiden Provinzen verlieren die Ethnien ihr Land an mächtige Spekulanten – für lukrative Edelsteinminen, Gummibaum- und Cashewnuss-Plantagen, für Kasinos und Golfplätze. In Ratanakiri dreht sich alles um Gibbon-Spotting, aber auch die herrliche Landschaft um Mondulkiri mit Elefanten-Alltag und dem landesgrößten Wasserfall hat touristisches Potenzial.

 Bild: Fischer auf dem Mekong

Ein gigantischer Fluss und ein rotes Land – abseits der Touristenströme finden Sie ursprüngliche Natur und alte Traditionen

BAN LUNG (RATANAKIRI)

(139 D2) *(🕮 K2)* **In der Provinz Ratanakiri im nordöstlichsten Landeswinkel siedeln zu 80 Prozent ethnische Minderheiten: die *Khmer Loeu*, die von ihren kargen Erträgen auf Reis- und Gemüsefeldern leben und teilweise noch die animistischen Traditionen ihrer Ahnen praktizieren.**

Von der staubigen Provinzhauptstadt Ban Lung (30 000 Ew.) aus zieht es abenteuersuchende Naturliebhaber auf Trekkingtouren in den dschungelhaften *Virachey-Nationalpark* oder zum Baden in den herrlichen *Vulkansee Yaklom* und unter imposante Wasserfällen.

Eins sollten Besucher der Gegend wissen: In Ratanakiri ist es entweder sehr trocken, sodass man ständig rostrot gepudert ist, oder so nass, dass man auf vielen Straßen im Schlamm versinkt (Trekking ist in der Regenzeit April/Mai–Okt. eher wenig

Dorfleben auf Stelzen in einer Siedlung der Kreung in Ratanakiri

empfehlenswert). Vom kambodschanischen Niemandsland können Sie Ihre Reise ins ca. 80 km entfernte Vietnam fortsetzen. Dann sollten Sie sich aber bereits vorher Ihr Visum besorgt haben.

ESSEN & TRINKEN

BOEUNG KAMSAN RESTAURANT

Am Kamsan-See gelegenes Open-Air-Terrassenlokal: Serviert werden Khmer-, Thai- und andere asiatische Speisen in drei Portionsgrößen. *Tgl. | an der Straße nach Voen Sai* | €–€€

BANLUNG KITCHEN

Beim Franzosenpärchen, Chef Arthur und Claire, treffen sich die Foodies und Veggies zu Salaten & Co., aber auch zu saftigen Burgern. Und in der „Küche" kann man auch wohnen, es gibt Bed-&-Breakfast-Zimmer. *Tgl. 8–22 Uhr | 3 Zi. (und Schlafsaal) | 14 B Street 544 (etwas außerhalb, südlich von der N 78) | Oromeat Village | Tel. 010 81 65 29 | banlung kitchen.business.site* | €

PTEAS BAY KHMER

Ländlich-schlichtes Lokal mit Veranda am Südwest-Ufer des Kanseng-See. Man kann gut frühstücken, es gibt einige westliche Gerichte und typische Khmer-Speisen. *Tgl. | Village 6 | Sangsat Labanseak, nahe Lakeside Hotel | Tel. 097 16 72 21* | €

FREIZEIT & SPORT

KAJAKTOUREN

Sportliche paddeln mit dem Kajak auf dem *Tonle San* gegen leichte Stromschnellen bis zum *Friedhof der Tampuan* inklusive stärkendem Picknick auf der Sandbank *(Buchung z. B. über Terres Rouges Lodge)*.

AM ABEND

CAFÉ ALEE

Zum Sonnenuntergang und später trifft man sich bei Rik and Dave zu kühlem Bier, Wein, Pizza, Burger, Khmer-Kost. Sogar Vegetarier werden hier satt. *An der N 78A neben Dutch-Co-Trekking | Tel. 089 47 37 67* | €

ÜBERNACHTEN

LAKESIDE HOTEL

Schönstes Seepanorama: Sechs ordentliche Zimmer (mit Sat.-TV) in dem dreistöckigen Hotel haben einen Balkon zum See. *40 Zi. | am südwestlichen Ufer des Kanseng-Sees | Tel. 012 72 22 96 | €*

RATANAKIRI BOUTIQUE HOTEL

Unübersehbar thront Ratanakiris Schnäppchen Nr. 1 als bestes Haus am See: Die moderne Herberge bietet viel schweres Holz, Terrakotta und Mauerwerk (in rustikalen oder minimalistischen Beton-Chic-Bädern). Der Clou: Balkonzimmer mit See- und Sunset-Panorama. Mit Terrassenlokal. *30 Zi. | am Kanseng-See | Tel. 070 56 57 50 | ratanakiri-boutiquehotel.com | €*

TERRES ROUGES LODGE

Stilvolle Gouverneursvilla aus Holz mit „antik" dekorierten Zimmern (teils Seeblick, Flach-TV), drei Luxusbungalows mit Open-Air-Bädern *(€€€)*. Pool und Spa im Garten, sehr gutes internationales Restaurant *(€€)*. Zeitig reservieren! *23 Zi. | am östlichen Ufer des Kanseng-Sees | Tel. 012 77 06 50 | www.ratanakiri-lodge.com | €€*

TREE TOP ECO LODGE

Abenteuerliche Stelzenhütten inmitten herrlicher Hügelkulisse am Rande Ban Lungs: urige Bäder, Hängematten und Liegestühle auf der Terrasse, alles sehr einfach, aber auch mit Liebe zum Detail eingerichtet, schönes Verandalokal. *17 Zi. | Village 1 | Labanseak | Tel. 021 49 03 33 | €*

ZIELE IN DER UMGEBUNG

KHMER-LOEU-DÖRFER

(139 D–E2) *(K–L2)*

Ein Dutzend verschiedener Hochlandstämme lebt in Ratanakiri (ca. 60 000 Angehörige), z. B. die *Tampuan, Kreung, Jarai* und *Brou*. Hier stoßen moderne Zeiten auf teils noch archaischen Alltag und Traditionen wie Brandrodung und Jagd mit Giftpfeilen. Nahe Ban Lung trägt die modebewusste Khmer-Loeu-Frau heutzutage Sarong mit Oberteil oder wenigstens Büstenhalter, und nur noch wenige ältere Brou-Frauen sind an den Tätowierungen im Gesicht und an ihren schweren Ohrringen zu erkennen. Der Glaube an Wasser-, Feuer- und Waldgeister sowie Wasserbüffelopfer und Ahnenkult sind noch verbreitet. Man schläft z. B. mit dem Kopf nach Osten, und auch die Reisweinkrüge, der Schatz eines jeden Hauses, werden in der östlichen Ecke des Hauses deponiert, weil im Osten die Geister wohnen. Die traditionellen

MARCO POLO HIGHLIGHTS

★ Virachey-Nationalpark
Natur pur: Wasserfälle, Vulkanseen und alte Volksstämme in Ratanakiri → S. 88

★ Yaklom-See
Badespaß im Vulkansee bei Ban Lung → S. 89

★ Wat Sambour
„100-Säulen-Tempel" mit goldener Stupa bei Kratie → S. 92

★ Bou-Sra-Wasserfall
Ein Bad unter der höchsten Kaskade in Mondulkiri → S. 94

★ Stung Treng
Herrlich verschlafenes Flussstädtchen am Sekong und Mekong → S. 96

★ Mekong-Bootsfahrten
Von Stung Treng durch die Flutwälder bis nach Laos → S. 97

Angehörige der Hochlandstämme sind gegenüber Fremden scheu

Bambushäuser werden allmählich von den Khmer-typischen Stelzenhütten oder Steinhäusern verdrängt. Auffallend in den Kreung-Dörfern sind die fragil wirkenden „Boys"-Hütten auf bis 5 m hohen Pfählen (nur Nov.–April) und die kleineren „Girls"-Hütten, in denen sich Jungen und Mädchen in der Pubertät treffen. Gegenüber Fremden sind die Kreung sehr scheu: Bitte die Kinder keinesfalls fotografieren – sie glauben, ihr Geist wird auf einem Foto gefangen! INSIDER TIPP Empfehlenswerte Dörfer für Tagesausflüge sind für die Kreung-Kultur z. B. *Krala* und *Kres* (Poi-Gemeinde) sowie *La Ak* (Ochum-Bezirk), die Tampuan-Dörfer *La En Kraen* und *Katae* mit erhaltenen Langhäusern auf Stelzen *(60 km nordöstlich bei Andong Meas)* sowie die Jarai-Häuser in *Borkeo*. Touren organisiert die holländisch-kambodschanische Agentur *DutchCo Trekking Tours (3-Tages-Trek ab ca. 140 US$ p. P. | Parallelstraße südlich der N78/Hauptstraße | Tel. 097 6792714 | www.trekkingcambodia.com)*, die auch Kanutouren anbieten.

TAMPUAN-FRIEDHOF

Die Jarai und Tampuan sind bekannt für ihre Beerdigungsrituale. Der Besuch auf einem für Touristen zugänglichen Tampuan-Friedhof ist nichts für Zartbesaitete. Bei der *Kap Krabei Pheok-Sra*-Zeremonie werden Wasserbüffel geschlachtet. Und so hängen an den überwucherten Grabstätten zwischen bunten Holzstatuen (die meist den Beruf des Verstorbenen darstellen), hölzernen Elefantenstoßzähnen und Beigaben wie Reiskörben, Fischreusen und Gongs auch der eine oder andere Büffelkopf und Büffelhäute. Ein sehenswerter Friedhof liegt etwa 40 km nordwestlich von Ban Lung, gegenüber dem Dorf *Kachon (Buchung Halbtages-Touren mit Bootsfahrt auf dem Tonle San über die Hotels | Eintritt ca. 1,50 US$).*

VIRACHEY-NATIONALPARK ★

(139 D–E 1–2) (*K–L 1–2*)

Morgens rufen die Gibbons, nachts zirpen die Grillen, während man in der Hängematte unterm Sternenhimmel baumelt.

Über Hängebrücken oder per Kajak und Floß geht es durch den Dschungel und über Flüsse mit „Apocalypse-now"-Atmosphäre nahe dem einstigen Ho-Chi-Minh-Pfad und in abgelegene Khmer-Loeu-Dörfer – die Trekkingtouren durch den Virachey-Nationalpark *(ca. 50 km nördlich von Ban Lung)* verheißen intensive Naturerlebnisse und Abenteuer. Allerdings sind die Preise hierfür enorm angestiegen, liegen inzwischen sogar höher als vergleichbare Touren etwa im ansonsten teureren Thailand.

Der Nationalpark ist der landesweit größte ($3325\,km^2$), bestehend aus dichten Wäldern und Grassavanne, höchste Erhebung ist der *Phnom Yak Youk* (1500 m). Auf einem einwöchigen Treck durch die abgelegene *Phnom Veal Thom Wilderness* besteht die beste Chance, Sambar-Wild und Muntiak-Hirschen, Gibbons, seltenen Douc-Languren sowie Nashornvögeln zu begegnen. Tiger, Elefanten oder das Kouprey-Wildrind lassen sich eher selten blicken. Angenehmste Trekkingzeit: Dez.–Mai, unbedingt an Malariaschutz denken (Mückenlotion, langärmelige helle Kleidung, Notfallmedikament) und keinesfalls Metallgegenstände anfassen – es könnten Bombenreste sein! Eine 7-Tage-Tour kostet zu zweit ca. 350 US$ p. P. über das Nationalpark-Büro *(Mo–Fr 8–12, 14–17 Uhr | südöstlich vom Kanseng-See in Ban Lung, an der N 78 bei der Post nach Norden/links abbiegen)*. Ein gutes Preis-Leistungs-Verhältnis bei ihren Touren bietet auch hier die *DutchCo-Trekking-Tours-Agentur* von Rik und Ivonne *(3-Tages-Trek je nach Teilnehmerzahl ab ca. 140 US$ p. P. | Parallelstraße südlich der N78/Hauptstraße | Tel. 097 6 79 27 14 | www.trekkingcambodia.com). Eintritt Nationalpark 5 US$ (in den Touren inklusive)*. Weitere Infos über Trekkingtouren, Preise auf *viracheyecotourism.blogspot.de;* über die Bedrohung durch Kahlschlag und Gummibaum-Plantagen auf *Facebook: SaveViracheyNationalPark*

WASSERFÄLLE/ELEFANTENREITEN

(139 D2) (K2)

Der 10 m hohe *Katieng-Wasserfall* mit Badepools beeindruckt weniger durch seine Höhe als durch die Möglichkeit, sich seiner Kaskade auf dem Rücken eines Elefanten zu nähern *(ab dem Dorf Kateung | 1 Std. Reiten kostet ca. 10 US$ | tgl. 7–17 Uhr | ca. 6 km westlich von Ban Lung)*. Am schönsten ist der 20 m hohe *Kachang (ca. 500 m hinter dem Katieng-Wasserfall)*, wo sich die Khmer vor allem an Wochenenden beim Duschen und Baden im großen Naturpool vergnügen. Mit romantischer Kaskade rauscht der 20 m hohe *Cha Ong* abwärts – hier kann man hinter dem Wasserschleier picknicken, Reiswein trinken oder an der steilen Treppe zum Badepool hinabklettern *(ca. 7 km westlich von Ban Lung)*. Auf dem Weg zurück erklimmen Sie den kleinen Tempelberg *Eisey Patamak* (auch: *Phnom Svay*) mit dem *Wat Aran* und seinem liegenden Buddha, besonders zum Sonnenuntergang mit herrlichem Ausblick auf Ban Lung *(ca. 1 km westlich von Ban Lung an der N 78)*.

YAKLOM-SEE ★

(139 D2) (K2)

Der Boeung Yaklom ist ein kreisrunder, blauer See vulkanischen Ursprungs, der in einer dicht bewaldeten Idylle liegt. Von drei Plattformen kann man ein Bad nehmen (angesichts der hier – züchtig gekleidet – badenden und picknickenden Khmer sollten Frauen im Sarong bzw. in Shorts und T-Shirt baden). Ein Weg führt nach rechts zum kleinen *Cultural and Environmental Center* mit Ausstellung, Alltagsgegenständen der Jarai und Tampuan und Souvenirstand. *Tgl. 7–17.30 Uhr | Eintritt ca. 3 US$ | ca. 5 km östlich von Ban Lung | Schwimmwesten auch in Kindergröße vorhanden | Imbissstände*

KRATIE

(138 C5) (🕮 J4) **Das Städtchen Kratie (sprich: *Kratschä*; ca. 80 000 Ew.) vermittelt einen typischen Eindruck vom Alltag am Mekong – mit geschäftigem Treiben zwischen Hafen, Märkten und Kolonialbauten.**

An der Uferpromenade können Sie auf Bänken unter den Baumriesen den Sonnenuntergang genießen – vielleicht bei einer Nudelsuppe *num ban jork* aus einer der Garküchen? Außer den zahlreichen Tierstatuen hat Kratie nicht sehr viele Sehenswürdigkeiten. Die meisten Besucher kommen wegen der seltenen Mekong-Delphine in diese Gegend.

SEHENSWERTES

WAT ROKA KANDAL

Die hübsche Pagode des mehr als 100 Jahre alten Wat Roka Kandal ist eine der letzten in Kratie erhaltenen mit Holz- und Ziegeldach sowie Fresken. Im Innern wird zwischen verzierten Säulen Kunsthandwerk verkauft, vor allem Korb- und Töpferwaren sowie Seide. *Tgl. 8–17 Uhr (die Pagode kann evtl. geschlossen sein) | etwa 2 km südlich des Zentrums am Fluss | Info: Guide Mr. Sothea (Tel. 011 55 40 56)*

ESSEN & TRINKEN

JASMINE BOAT

Die Lage ist nicht zu toppen: Beim Speisen (große Karte) sitzt man direkt über dem Mekong an der Reling, während die Sonne am anderen Ufer untergeht. Auch für einen Happy-Hour-Drink (kunterbunte Cocktails oder Frappés und Smoothies) lohnt es sich zwischen 17.30–19.30 Uhr herzukommen. *Tgl. | Uferstraße direkt am Bootspier | Tel. 096 3 31 19 98 | €€*

RED SUN FALLING

Nettes kleines Khmer-Lokal, man speist vorwiegend Kambodschanisches und Thailändisches zu guter Musik und anständigen Preisen. *Uferstraße im Zentrum | Tel. 011 28 58 00 | €*

TOKAE

Echter Gazpacho am Mekong! Nahe dem Markt serviert der spanische Koch vegetarische und spanische Gerichte sowie Currys – man kann auch gut frühstücken mit schönem Blick aufs Markttreiben. *Street 10 (am Markt) | Tel. 097 2 97 21 18 | €*

FREIZEIT & SPORT

RADTOUR AUF KOH TRONG

Eine abwechslungsreiche 9-km-Radtour auf der INSIDER TIPP Flussinsel Koh Trong: Der Rundweg verläuft entlang eines „schwimmenden" Dorfes mit vietnamesischen Fischerfamilien, Stupas und Klöstern wie *Wat Tov Te Ang*, einem chinesischen Friedhof und Gärten. *Regelmäßige Fähren ab Night Market oder Bootscharter ab Pier in Kratie (ca. 1,50 Euro) | Homestay-Info für Koh Trong: Tel. in Kratie (CRDT-Büro) 072 6 66 67 71 | crdtours.com*

ÜBERNACHTEN

ARUN MEKONG

Ideal zum Abschalten (im wahrsten Wortsinn – nachts wird´s richtig duster): Das Gästehaus mit schlichten Holz- und Steinbungalows liegt auf Koh Trong inmitten ländlicher Idylle, Strom gibt es nur abends bis gegen 22 Uhr, teils Gemeinschaftsbäder. Das einheimische Gastgeber-Pärchen versorgt seine Gäste mit guter Hausmannskost und frischem Mekong-Fisch – Wifi, Airconditon und ähnlichen Luxus sucht man hier aber vergeblich. *5 Zi. | Tel. 017 66 30 14 | arunmekong.wordpress.com | €*

LE TONLÉ
Das kleine Gästehaus dient als Trainingscenter für Jugendliche im Hotelfach: Die Zimmer in dem alten Holzhaus sind daher picobello und liebevoll hergerichtet, schicke Bäder und gutes Lokal. *4 Zi. | Street 3 (nahe der Uferstraße) | Tel. 072 210505 | www.letonle.org |* €–€€

ZIELE IN DER UMGEBUNG

IRRAWADDY-DELPHINE
(138 C4) (*J3*)
Die etwa 90 letzten Mekong-Süßwasserdelphine *(Orcaella brevirostris),* die sich zwischen Kambodscha und Laos tummeln, versammeln sich in der Trockenzeit in den verbleibenden tiefen Becken im Mekong. Bekanntester Aussichtspunkt mit Bootstouren ist Kampi – wenn überhaupt, ist jedoch nur kurz der Kopf einzelner Tiere zu sehen. Bitten Sie die Bootsführer den Motor auszustellen, sobald die Becken erreicht sind – sonst ist hier von den letzten lebenden 20 Kampi-Exemplaren bald gar nichts mehr zu sehen (v. a. an Feiertagen herrscht ein unglaublicher Andrang in den zahllosen Stelzenlokalen direkt auf dem Mekong an den 1 km nördlich gelegenen Kampi-Stromschnellen). Wer den die Delphine störenden Bootsrummel nicht unterstützen mag, kann ebenso mit einem Fernglas von der Kampi-Plattform aus versuchen, die seltenen Tiere zu erspähen, am besten Dezember bis Mai ganz früh morgens oder am späten Nachmittag. Die Delphine werden weiterhin bedroht durch Fischen mit Dynamit, Elektroschocks und flussbreiten Schleppnetzen sowie durch Pestizide und Staudammbau. *Boot für 2 Personen (1 Std.): 9 US$ p. P. | www.worldwildlife.org | 15 km nördlich von Kratie*
INSIDER TIPP Weitere Orte für Delphinbeobachtung: *Koh Phdau* (ca. 50 km nördlich von Kratie, Homestays über *crdtours.com*), *Damrei Phong*, *Koh Krouch* und *Kroh Preah* (12 bzw. 20 km südlich von Stung Treng), *Anlong Cheuteal* (mit Booten) und *Anlong Svay* an der laotischen Grenze.

Die Irrawaddy-Süßwasserdelphine sind nur noch mit Glück vor Kratie zu sehen

WAT SAMBOK ● (138 C4) (🗺 J3)
Der Wat Sambok thront mit zwei kleinen Pagoden auf dem gleichnamigen Hügel, auf den 160 steile, von *krak*-Wächtern bewachte Stufen führt. In einem offenen Pavillon auf dem Bergkamm kann man neben Bildern aus Buddhas Dasein ebenso bunte wie sadistische Horrorszenarien aus der Hölle betrachten. Von der rechten, höher gelegenen Pagode (weitere 200 Stufen) bietet sich ein fantastisches 360-Grad-Panorama auf die umliegenden Reisfelder sowie Kratie und den Mekong. *Etwa 9 km nördlich von Kratie*

WAT SAMBOUR ★ ● (138 C4) (🗺 J3)
Einer der größten und modernsten Tempel im Land erhebt sich inmitten ärmlich-ländlicher Pampa. Ein Prachtstück, bildschön – wer hätte das gedacht, damals vor mehr als 40 Jahren: Denn auch hier wüteten 1976 die Rotem Khmer. Der Wat Sambour (auch: *Sorsor Moi Roi*) wurde 1997 wiederaufgebaut, nachdem die Roten Khmer in dem mehr als 400 Jahre alten Kloster keinen Stein auf dem anderen gelassen hatten. Nun sitzt der vergoldete Abt seelenruhig gegenüber der Vihara, als ob er lebt, und er trägt auch seine Brille auf der Nase. Es wird auch das „100-Säulen-Kloster" genannt; heute tragen insgesamt 116 Säulen die Vihara, im Innern leuchtet das Leben Buddhas von den Wänden in so schreienden Farben, dass einem beim Betrachten um die eigene Achse fast schon schwindelig wird. Erhalten ist die goldene *Königliche Stupa* (angeblich 1529 erbaut), die der Legende nach die Asche einer Prinzessin enthält. *35 km nördlich von Kratie.*

Einer der größten Tempel Kambodschas: der Wat Sambour

Direkt auf dem Tempelgelände hat das *Mekong Turtle Conservation Center (tgl. 8.30–16.30 Uhr | Eintritt 5, Kinder 2 US$ | Facebook: MekongTurtle)* seine Pforten geöffnet: Hier werden die bedrohten Cantor-Fluss-Schildkröten *(Cantor's Giant Soft Shell Turtle, Pelochelys cantorii)* in Bassins gezüchtet, bevor man sie nach zehn Monaten im März/April in ihr natürliches Habitat, den Mekong, entlässt.

INSIDER TIPP Klosteraufenthalte sind im *Wat Sambok* (nur Frauen) und im *Wat Sambour* gegen Spende möglich, allerdings sind diese Angebote eher für ernsthaft interessierte und erfahrene Buddhisten gedacht *(Info Wat Sambok: Vipassana Dhura Meditation Center, Infos über www.kh.dhamma.org; Info Wat Sambour: Tel. 011 76 88 47 und 011 71 63 11 oder in den Hotels)*. Ein *homestay* ist zudem möglich bei Familien auf der ca. 10 km nördlich gelegenen Mekonginsel *Koh Phdau (6 US$ p. P.; sehr einfach ohne viel Privatsphäre | vor Ort beim Cambodian Rural Develop-*

ment Team: CRDT-Büro in Kratie | 696 Street 2 | Trapeang Pring Village | Tel. 072 6 66 67 71, nur Mo–Fr 7.30–12, 14–17 Uhr | www.crdt.org.kh, crdtours.com) mit Delphinbeobachtung und Ochsenkarrentour.

SEN MONOROM (MONDULKIRI)

(139 E5) *(K4)* **Mondulkiri ist eine der landschaftlich reizvollsten, aber auch abgelegensten und ärmsten Regionen in Kambodscha.**

Die wenig besuchte, riesige Provinz fasziniert erst mit einer holprigen Fahrt entlang der Dipterocarpen-Baumriesen durch dichten Urwald, der auf 900 m einer sanft auf- und abrollenden Hügellandschaft aus Kiefernwäldern und Grasland weicht – leider nimmt der Kahlschlag in einem rasanten Tempo zu und vernichtet tagtäglich das, wofür die Urlauber hier anreisen. Strom gibt es erst seit 2008 in Sen Monorom (ca. 20 000 Ew.), der verschlafenen Provinzkapitale ohne viele Sehenswürdigkeiten. Auf dem Rücken von ehemaligen Arbeitselefanten (s. S. 22) geht es zu Wasserfällen und Dörfern der Hochländer, vorwiegend den *Phnong*.

ESSEN & TRINKEN

CINNAMON CAFÉ AND BAKERY

Das von einer netten Khmer-Familie betriebene Gartencafé liegt an einem Bach und ist beliebt wegen seiner leckeren Backwaren, Torten und gutem Kaffee, es gibt auch Suppen, Snacks und natürlich Wifi! *Mo–Sa 8–17, So 12–17 Uhr | Sen Monorom Road | Chumka Tae (ausgeschildert) | Facebook: cinnamoncafeandbakery | €*

KHMER KITCHEN

Man sitzt zwischen Pflanzen im Hof beim internationalen Speisemix aus Amok, Burritos, Spaghetti und Pancakes, Spezialität: Cambodian Barbeque. *An der Hauptstraße neben dem Sovann Kiri Guesthouse | €*

ÜBERNACHTEN

MAYURA HILL

Beste und teuerste Unterkunft vor Ort, mitten im Grünen, sogar mit kleinem „Infinity"-Pool umgeben von sieben Villas mit gemütlichem Interieur und Himmelbetten, Minibar, Room Service, Fitnessraum und Fußballfeld. *7 Zi. | außerhalb von Sen Monorom | Tel. 077 98 09 80 | www.mayurahillresort.com | €€€*

LOW BUDG€T

Im *Lakeside Chheng Lok* in Ban Lung sind die hellen Eckzimmer *(8–15 US$)* und die fünf Bungalows im Garten *(17 US$)* mit Seeblick zu empfehlen, aber die Ventilator-Reihenzimmer zur (ruhigen) Straße für nicht einmal 5 US$ sind unschlagbar preiswert. *41 Zi. | am Kanseng-See | Tel. 012 95 74 22*

Die sehr kleine, sehr spartanische Anlage *Tree Lodge* mit Reihenholzhäuschen (Matratze mit Moskitonetz, teils Kaltdusche) inmitten einer üppigen Waldkulisse wird von der Familie Mr. Trees betrieben, der auch Speisen für Vegetarier aus organischem Anbau sowie Trekking anbietet. Die Unterkunft ist für 5–10 US$ fast geschenkt, man wird sogar vom Busbahnhof abgeholt. *6 Zi. | Sen Monorom, südlich vom See | Tel. 097 7 23 41 77 | www.treelodgecambodia.com*

NATURE LODGE ✻

Eine freundliche Ökoherberge mit vielen Katzen, Hühnern und Ponys: sehr einfache Pfahlhütten mit Open-Air-Bad (Heißwasser) und schönem Panorama durch die Glasschiebetüren und von der Veranda. *28 Zi. | ca. 2 km nordöstlich der Hauptstraße, am Hospital rechts abbiegen | Tel. 012 23 02 72 | www.naturelodgecambodia.com | €*

ZIELE IN DER UMGEBUNG

BOU-SRA-WASSERFALL ★

(139 E5) (*🗺 L3*)

Der landesgrößte Wasserfall rauscht in zwei imposanten Stufen (20 und 30 m) abwärts – mitten im Dschungel in einen romantischen Jurassic-Park-Naturpool (man muss den Bach am Parkplatz überqueren zur steilen Treppe auf der anderen Seite der Kaskade). Es gibt Essstände und ein Zipline-Drahtseil-Abenteuer *(75 US$ mit Transport). Eintritt 1,50 US$ | 37 km östlich*

INSIDER TIPP **ELEPHANT VALLEY PROJECT** ✻ (139 E5) (*🗺 K4*)

In dem Elefantencamp (EVP) haben alte und verletzte Arbeitselefanten ein Asyl gefunden. Allein die Aussicht auf das mit dichtem Dschungel bewachsene Tal ist die beschwerlich-holprige Anreise in das Phnong-Dorf wert. Mittlerweile besteht der Besuch beim EVP nur noch aus Zuschauen, wie sich die derzeit neun Elefanten in ihrem Habitat bewegen und wie sie gewaschen werden (keine Ausritte mehr!), für Kinder ist das u. U. nur bedingt interessant. Bei den Elefanten-Volunteer-Programmen muss man richtig anpacken. Unterbringung ist möglich in vier originellen, traditionellen Phnong-Nachbauten mit tiefem Palmstrohdach, Terrakottaböden, dekoriert mit alten Truhen und Elefantenfotos, Heißwasserdusche – die schönste Unterkunft in Mondulkiri! Daneben gibt es noch einige billigere Backpacker-Unterkünfte *(nur in Verbindung mit Elefanten-Volunteer-Programmen, z. B. 2 Tage für insg. 130–160 US$ p. P. inkl. Transfer von Sen Monorom, Verpflegung | nur Mo–Fr | Tel. 099 69 60 41 | www.elephantvalleyproject.org)*. *Ein Tag Elefantenbesuch ohne Übernachtung: 45–95 US$ p. P., Kinder bis 15 Jahre halber Preis | rechtzeitig anmelden unter evpbookings@gmail.com | Pon Trom Village (auch: Poutrou). Ca. 10 km westlich*

PHNONG-DORF PUTANG

(139 E5) (*🗺 K4*)

In einigen Dörfern der Phnong (auch *Bunong*), seit Generationen traditionelle Elefantenzüchter, stehen ebenfalls Dickhäuter für Ausritte mit Mahouts bereit, etwa in Putang. Haben Sie keine allzu großen Erwartungen: Auch hier stehen nur noch wenige traditionelle Häuser mit den markanten, tief heruntergezogenen Palmstrohdächern, und man munkelt, die Frauen schmücken sich schnell mit den schweren Ohrringen, wenn die Touristen anreisen … Kommen Sie mittels eines der Phnong-Sprache mächtigen Guides mit den Dorfältesten ins Gespräch, erfahren Sie jedoch manche interessante Details über alte Traditionen wie Zähnespitzen, Animismus, Musik und Heilmittel. *5-stündiger Ausflug mit Elefantenbad ab ca. 15–30 Euro p. P. | ca. 12 km südwestlich, am besten mit Guide (etwa über mondulkiriethnicproject.org, s. o.)*

INSIDER TIPP **SREPOK WILDERNESS**

(139 E4) (*🗺 K–L3*)

Die Srepok Wilderness – eins der letzten riesigen, (fast) unbewohnten Gebiete in Süstoastasien – lockt Abenteuersuchende und Ornithologen bei mehrtägigen Touren zu Fuß, mit Kajak, Mountainbikes oder auf dem Elefanten in die Region nördlich Sen Monoroms: mit Kaskaden, Höhlen und seltenem Wildlife. Ökotouris-

mus steckt zwar noch in den Kinderschuhen bzw. in der „Pilotphase", aber eine Trekking-Lodge ist vom WWF geplant.
Den *Srepok River Discovery Trail* (1,5 km) nahe Sen Monorom können Sie erkunden, am besten mit einer WWF-Broschüre als Anleitung zum Erspähen von Adlern oder dem auffälligen *Indian Roller (Coracias beghalensis)*, Termiten, Stachelschweinen und Affen. Am Flussufer tummeln sich Eisvögel, Schildkröten, Otter, und vielleicht erblicken Sie sogar ein Siamesisches Krokodil. Da sich viele Tiere wie Sambar- oder Muntjak-Rehwild nur in der Dämmerung oder nachts blicken lassen, sollten Sie nach spezifischen Wildtierspuren und Fährten suchen oder die typischen Rufe aus der Ferne identifizieren.
Zwischen dem *Phnom Prich Wildlife Sanctuary* (2250 km^2) und dem unter Naturschutz stehenden *Mondulkiri Forest* (4000 km^2) liegt das *Dei Ey Community Homestay-Projekt* vom WWF *(46 km nördlich von Sen Monorom auf der N76)*. Abenteuerlustige können am Alltagsleben des Dorfes teilnehmen, etwa bei Webarbeiten zuschauen, in Flüssen baden (und sich waschen, Frauen bitte nur im Sarong!), mit den Phnong abends Reiswein schlürfen und in spartanischen Unterkünften oder am O´Chbar-Fluss im WWF-Camp unter freiem Himmel in Hängematten übernachten. Bei bis zu dreitägigen Touren besteht die Chance auf eine Begegnung mit den Wildrindern Gaur und Banteng, mit der größten wilden Elefantenherde in Kambodscha oder dem vom Aussterben bedrohten Südlichen Gelbwangen-Schopfgibbon *(Nomascus gabriellae)*. Die wenigen scheuen Leoparden lassen sich eher nachts blicken. *Infos: WWF-Büro in Sen Monorom: Ospean Village | Spean Menchey | Tel. 073 6 90 00 96 und 012 46 63 43 | cambodia.panda.org oder im Greenhouse Restaurant & Bar bei Mr. Sam Nang | Tel. 017 90 56 59 | www.greenhouse-tour.*

Phnong-Dorf Putang: Diese Familie wohnt in einem der traditionell errichteten Häuser

blogspot.com (auch Motorradtouren) oder beim Tourguide Vanny (der auch preiswertere Elefantentouren anbietet, ebenfalls ohne Elefantenreiten wie bei EVP) | Tel. 011 35 18 41 | www.mondulkiriethnicproject.org

STUNG TRENG

(138 C3) (*J2*) **Ein kleines Juwel am Zusammenfluss von Mekong und Sekong: Die Provinzhauptstadt ★ Stung Treng (40 000 Ew.) nahe der laotischen Grenze lassen die meisten eiligen Reisenden auf ihrer Fahrt ins Nachbarland links liegen.**

Dabei könnten sie in dem charmanten Ort die idyllischsten Seiten Kambodschas erleben – etwa bei Radtouren entlang der Uferstraße mit alten Holzhäusern unter Palmen und Bambushainen, in *homestays* bei Bauern oder bei Kajaktouren und Bootsfahrten auf dem Mekong zu Fischerdörfern und durch verwunschene Flutwälder. Wer weiß, wie lange hier die Idylle noch anhält – denn die Brücke über den Sekong ist seit 2008 eröffnet, und das beschauliche Stung Treng soll zum Drehkreuz zwischen China, Laos, Vietnam und Thailand werden.

SEHENSWERTES

WAT KHAT TAKYARAM

Das schönste der drei Klöster an der Uferstraße ist der Wat Khat Takyaram (auch: *Wat Kandal*) mit prächtigen Grab-Stupas und einer zierlichen, mit Wandbildern bemalten Pagode auf zwei Etagen: vorne friedliche Szenen aus Buddhas Leben, im hinteren Bereich Folterszenen aus der Hölle. *Etwas östlich vom Golden River Hotel*

ESSEN & TRINKEN

Der Nightmarket am Markt sowie die Suppenküchen am Sekong-Ufer bieten einheimische Kost zu sensationellen Preisen. Unterwegs als ● Imbiss: Manche Dörfer in der Umgebung haben sich auf „krolan" spezialisiert, ein asientypischer Snack aus Klebreis mit Kokosmilch und Sojabohnen in Bambusröhren. Oder probieren Sie die mit Bananenblättern und Klebreis „ummantelten" süßen Bananen vom Grill, oder wer´s wagt: die kleinen *nhem*-Pakete (roher, pikant gewürzter Fisch in Bananenblättern). Oder doch lieber eine kross gebratene Tarantel *(bing)*?

PONIKA 'S PALACE

Wer in Stung Treng gut essen möchte, kommt an dem Khmer-Lokal von Ponika nicht vorbei: All die Klassiker wie Amok-Fisch oder Loc-Lac-Rindfleisch schmecken gut, auch Burger und andere westliche Speisen stehen auf der Karte, der Service ist flink und professionell. *Am Markt* | €

RIVERSIDE

Treffpunkt aller Neuankömmlinge, ob Rucksack- oder Kulturreisende: In diesem Lokal speist man einheimische und westliche Gerichte, auch Frühstück und Fahrräder. *Nahe der Uferstraße hinter Tankstelle und Bushaltestelle | Tel. 011 60 03 81 und 012 49 03 33* | €

AM ABEND

Wie wäre es mit einem INSIDER TIPP Abstecher zum Sunsetpoint am *Wat Thom Raing Sey*, wo sich Mekong und Sekong vereinen – bei idyllisch-meditativer Atmosphäre, wenn die Mönche ihre Pali-Gebete anstimmen, während die Sonne glutrot im Mekong versinkt? So müssen Orte der Erleuchtung aussehen! *Etwa 3 km westlich des Zentrums*

ÜBERNACHTEN

GOLDEN RIVER HOTEL (TONLE MEAH)

Bestes Haus vor Ort mit komfortablen Zimmern auf drei Etagen (Badewanne, Sat.-TV, Kühlschrank) und Flussblick. Leider kein Restaurant, Frühstück gibt's in vielen umliegenden Lokalen, etwa beim Riverside Guesthouse ca. 200 m westlich. *36 Zi. | an der Uferstraße | Tel. 012 98 06 78 | www.goldenriverhotel.com | €*

ZIELE IN DER UMGEBUNG

MEKONG BLUE (138 C3) (*J2*)

In diesem Ausbildungsprojekt können die Besucher den rund 60 Frauen beim Seidenweben über die Schulter schauen und die Seidenwaren kaufen. Galerie und Restaurant *(€)* mit Khmer-Gerichten *(zum Essen am besten mit Anmeldung: Tel. 012 62 20 96). Mo–Sa 7.30–11.30, 14–17 Uhr, Lokal 7.30–17 Uhr | Sre Po Village | ca. 2 km östlich der Sekong-Brücke | www.mekongblue.com*

RAMSAR WETLANDS/MEKONG-BOOTSFAHRTEN ★

(138 C2–3) (*J2*)

Eine spannende Bootsfahrt auf dem Mekong führt nach der Regenzeit ab Oktober durch überflutete Wälder wie die Ramsar Wetlands mit Reihern, schillernden Eisvögeln und Myriaden faustgroßer Schmetterlinge. Lohnend ist ein Ausflug an die laotische Grenze, vorbei an ursprünglichen Fischersiedlungen, zu den *Khone-Phapheng-Fällen* im Grenzgebiet (auch: *Son Phammit*), den mit 14 km breitesten Wasserfällen in Asien. Herrliche Aussicht bietet hier der *Phnom Bong Khouy*, möglich sind *homestays* im Dorf *O'Svay (crdtours.com)* nahe der Grenze mit Bootsausflügen zu den Süßwasserdelphinen bei *Anlong Cheuteal*. Der Grenzübergang ist bei *Dom Kalor*, 55 km nördlich von Stung Treng. Sie können ein Fischerboot am Pier in Stung Treng für eine Tagestour chartern, der Preis ist Verhandlungssache *(slow boat ca. 60 Euro). Infos: Tel. 074 97 38 58 | www.cepa-cambodia.org.* Bei Grenzübertritt vorher Visum für Laos besorgen!

Der Mekong an der Grenze zu Laos ist wie geschaffen für spannende Bootsausflüge

ERLEBNISTOUREN

1 KAMBODSCHA PERFEKT IM ÜBERBLICK

START: ① Phnom Penh **ZIEL:** ㉒ Sihanoukville	**21 Tage** reine Fahrzeit 40 Stunden
Strecke: ➡ **2400 km**	

KOSTEN: ca. 2500 Euro (Mietwagen, Unterkunft, Verpflegung, Eintritte)

MITNEHMEN: Badesachen, Wanderschuhe, Regenjacke, Sonnenschutz, Mückenschutz, Fernglas

ACHTUNG: In Koh Ker sollten Sie nur auf den ausgeschilderten Wegen und Straßen unterwegs sein – Minengefahr! Zudem besteht dort hohes Malariarisiko – mehrfach Mückenschutz auftragen, langärmelige körperbedeckende Kleidung tragen!

Sie wollen die einzigartigen Facetten dieser Region entdecken? Dann los! Noch einfacher wird es mit der Touren-App: Laden Sie sich die Tour über den QR-Code auf Seite 2/3 oder über die Webadresse in der Fußzeile auf Ihr Smartphone – damit Sie auch offline die perfekte Orientierung haben. Bei Änderungen der Tour ist die App auf dem neuesten Stand und weicht ggf. von den Erlebnistouren im Buch ab. In diesem Fall finden Sie in den Events & News (s. S. 2/3) die neueste Tour als PDF.

TOUREN-APP

→ S. 2/3

Wer nicht nur die fantastische Tempelstadt Angkor sehen, sondern in das kambodschanische Alltagsleben eintauchen möchte, begibt sich hier auf eine erlebnisreiche Zeitreise von der Hauptstadt in dünn besiedelte Bauerngegenden und in Fischerstädte am Mekong, vom Hochland in den Dschungel, vom Strand auf die Robinson-Inseln.

TAG 1–4

1 Phnom Penh

121 km

2 Phnom Proh

Fahren Sie ab **1 Phnom Penh → S. 40** **auf der A6 nordwärts. Hinter Skun biegt die N7 Richtung Mekong ab.** Genießen Sie auf dem Tempelhügel **2 Phnom Proh** große Buddhas und Angkor-Nachbauten, **bevor Sie den Flussrie-**

Bild: Tuktuks auf dem Weg nach Angkor Wat

256 km

3 Sen Monorom

32 km

4 Bou-Sra-Wasserfall

41 km

5 Putang

26 km

sen Mekong in Kampong Cham überqueren. Fahren Sie weiter ostwärts über die N7 und auf die autobahnbreite Piste N76 ins Hochland. Mieten Sie sich in der Provinzhauptstadt **3 Sen Monorom → S. 93** für drei Nächte ein, in der Umgebung gibt es viel zu sehen.

Im Dschungel östlich von Sen Monorom liegt der 4 Bou-Sra-Wasserfall → S. 94, Kambodschas größte Kaskade. Für einen guten Blick **überqueren Sie den Bach am Parkplatz zur steilen Treppe auf der anderen Seite des Wasserfalls.** Wer mag, genießt die Sicht auf die Fälle von einer Zipline aus und gönnt sich dann an einem der Essstände eine leichte Mahlzeit. **5 Putang → S. 94**, ein Dorf der Phnong-Hochländler südwestlich, besuchen Sie am nächsten Tag am bestem mit einem Guide, der Ihnen die Sprache übersetzen kann. Sie erfahren Details zu Traditionen der Bewohner und dürfen bei einem Elefantenausritt die

Umgebung erkunden. Besorgen Sie sich am kommenden Morgen im WWF-Büro an Sen Monoroms Hauptstraße die Broschüre für den ⑥ **Srepok River Discovery Trail** → S. 95 (1,5 km), halten Sie während der Wanderung Ausschau nach Adlern, Affen und Stachelschweinen.

Zurück in Sen Monorom fahren Sie auf der N76 wieder westlich bis kurz vor Snuol und folgen der N7 nach Norden bis zum Mekongstädtchen ⑦ **Kratie** → S. 90. Stärken Sie sich mit einer Nudelsuppe an der Uferpromende, bevor Sie am Nachmittag von der Kampi-Plattform aus versuchen, einige der letzten Irrawaddy-Süßwasserdelphine zu erspähen. Ganz in der Nähe lohnt anschließend der Besuch im Tempel ⑧ **Wat Sambour** → S. 92. **Abseits des Mekongs geht es auf der N7 ins herrlich verschlafene** ⑨ **Stung Treng** → S. 96. Bummeln Sie über den Nachtmarkt, essen Sie dort eine Kleinigkeit, bevor Sie sich im **Golden River Hotel** schlafen legen. Chartern Sie am nächsten Morgen ein Boot am Pier von Stung Treng und machen Sie eine ⑩ **Mekongfahrt** → S. 97, vorbei an Fischersiedlungen zu den Khone-Phapheng-Fällen.

Am folgenden Tag gelangen Sie über die N78 ostwärts nach Ratanakiri. Abenteurer kommen rund um die Provinzhauptstadt ⑪ **Ban Lung** → S. 85 auf ihre Kosten: Erleben Sie wilde Tiere bei einer Trekkingtour im ⑫ **Virachey-Nationalpark** → S. 88, baden Sie unter dem herrlichen ⑬ **Kachang-Wasserfall** → S. 89 und beobachten Sie in den ⑭ **Khmer-Loeu-Dörfern** → S. 87 uralte Stammesrituale. Buchen Sie Ihre Touren am besten bei INSIDER TIPP

⑥ Srepok River Discovery Trail

224 km

⑦ Kratie

36 km

⑧ Wat Sambour

129 km

⑨ Stung Treng

TAG 5–6

110 km

⑩ Mekongfahrt

TAG 7–12

141 km

⑪ Ban Lung

39 km

⑫ Virachey-Nationalpark

45 km

⑬ Kachang-Wasserfall

12 km

⑭ Khmer-Loeu-Dörfer

Eignet sich auch als Naturdusche: Bou-Sra-Wasserfall, Kambodschas größte Kaskade

TAG 13–16

346 km

⑮ Koh Ker

109 km

⑯ Siem Reap

9 km

⑰ Angkor

TAG 17

180 km

DutchCo Trekking Tours *(www.trekkingcambodia.com)*, deren Preise vernünftig geblieben sind.

Zurück in Stung Treng fahren Sie über die neue, 2 km lange Mekong-Brücke, dann westwärts auf der nagelneuen N64. Kurz hinter dem Dorf Preah Vihear lohnt ein Stopp am lange unzugänglichen Angkor-Tempel ⑮ INSIDER TIPP **Koh Ker** *(10 US$)*, heute zumindest teilweise entmint. Koh Ker beeindruckt v. a. wegen des über 1000 Jahre alten Prasat Thom: Untypisch für die Angkor-Architektur, erhebt sich das Bauwerk als imposante, 40 m hohe, in sieben Terrassen ansteigende Pyramide, die Sie auf einer Holztreppe besteigen können. Außerdem birgt das Gelände weitere verstreut liegende Turmruinen, teils bizarr von Wurzelwerk überwuchert und mit imposanten *lingas* zu Ehren Shivas (Minengefahr, unbedingt auf den Wegen bleiben!). **Gen Westen gelangen Sie über Kulen danach ins Touristenzentrum** ⑯ **Siem Reap** **→ S. 73**, Höhepunkt jedes Kambodscha-Besuchs, wo die Ausflüge in die sagenhafte Ruinenstadt ⑰ **Angkor** **→ S. 57** mit den weltberühmten Tempelanlagen starten. Drei Tage brauchen Sie für die wichtigsten Rundtouren in der Tempelstadt per Tuktuk, Fahrrad und Taxi. Kehren Sie abends hungrig nach Siem Reap zurück, schnuppern Sie dort in die Khmer-Küche hinein – z. B. bei einem Kochkurs der **Cooks in Tuktuks**.

Lassen Sie am nächsten Morgen den Touristenrummel Siem Reaps hinter sich und **fahren Sie über N6 und N5 in**

Fast so heilsam wie eine gute Meditation: der Blick vom Bokor Mountain

das geruhsam-charmante ⑱ **Battambang → S. 70**. Bummeln Sie über den Markt **Phsar Nath**, kaufen Sie ein paar Souvenirs und machen Sie eine Fahrt mit dem Bamboo Train, bevor es mit dem Leihrad entspannt den Fluss entlang geht. Mieten Sie sich im eleganten **La Villa** ein, einer Kolonialvilla aus den 1930ern mit gutem Restaurant und Pool im Garten.

Auf dem weiteren Weg nach Süden bietet sich ein Stopp in ⑲ **Udong** *(Eintritt 1 US$)* an, dessen spitze Kloster-Stupas Sie schon von Weitem auf dem Hügel sehen: Erklimmen Sie den Tempelberg über 500 Stufen und belohnen Sie sich mit dem herrlichen Weitblick über Seen, Reisfelder und Zuckerpalmen. **An Phnom Penh vorbei steuern Sie nun die Küste über N2 und N3 an. Halten Sie unterwegs im netten Flussstädtchen** ⑳ **Kampot → S. 33**, um von hier aus am kommenden Morgen sehr früh zum ㉑ **Bokor-Hochplateau → S. 36** aufzubrechen. Ab Mittag verhindern meist Wolken die Weitsicht aus rund 1000 m Höhe. **In einem Rutsch bringen Sie N3 und N4 dann ans Meer,** wo Sie Ihre Kambodschatour mit etwas Strandleben in ㉒ **Sihanoukville → S. 50** beschließen. Einheimische und Touristen tummeln sich an den sieben Stränden und im Meer. Machen Sie auch einen Abstecher auf die Robinson-Insel **Koh Ta Kiev** und entdecken Sie bei einem Tauchgang die Unterwasserwelt Kambodschas.

⑱ Battambang

TAG 18–21

255 km

⑲ Udong

155 km

⑳ Kampot

40 km

㉑ Bokor-Hochplateau

122 km

㉒ Sihanoukville

2 UNTERWEGS IM TIEFEN SÜDEN

START: ❶ Phnom Penh
ZIEL: ❶ Phnom Penh

Strecke: 960 km

9 Tage
reine Fahrzeit 16 Stunden

KOSTEN: ca. 1000 Euro (inklusive Mietwagen, Benzin, Unterkunft, Eintritte)
MITNEHMEN: Badesachen, Wanderschuhe, Regenjacke, Sonnenschutz, Mückenschutz

ACHTUNG: Öko-Homestay vorbuchen bei **Chambok Ecotourism** *(Tel. 012 69 85 29 | 010 73 06 00 | www.chambok.org | €)*.

Viele Kambodschaner zieht es wochenends aus dem verkehrsgeplagten Phnom Penh an die Küste. Doch nur zum Baden und Inselhüpfen ist der Süden zu schade, die Provinzen bergen reiche Schätze: Nationalparks im Dschungel mit Wildtieren

und Wasserfällen, Fischerdörfer und Tempelberge. Die Mietwagentour mit Zoobesuch und jeder Menge Action eignet sich gut für Familien mit Kindern.

TAG 1–3

① Phnom Penh

96 km

② Kirirom-Nationalpark

Auf der N4 geht es von ① Phnom Penh **→ S. 40** **Richtung Südwesten** entlang von Reisfeldern, Marktflecken und den Cardamom-Bergen in der Ferne. Nach rund 90 km sollte Ihr Fahrer im Dorf Treng Trayeung dem westlichen 8-km-Abzweig zum Preah-Suramarith-Kossamak-Nationalpark folgen, besser bekannt als **② Kirirom-Nationalpark** mit Kiefernwald, Wasserfällen – etwa der ca. 30 m hohen Chambok-Kaskade – Fledermaushöhlen und angenehmem Klima auf rund 700 m. Übernachten Sie dort drei Nächte in einem **Öko-Homestay** der **Chambok Ecotourism Site** *(Eintritt 5 US$)* und erkunden Sie mit Ihren Gastgebern per Ochsenkarren, Fahrrad und zu Fuß die Umgebung. Sie unternehmen Wanderausflüge, bekommen Koch- und Kunsthandwerksunterricht und baden unter einem Wasserfall.

TAG 4

45 km

③ Pich-Nil-Pass

188 km

Zurück auf der N4 dürfen Sie nach ca. 20 km auf dem ③ Pich-Nil-Pass zwischen Cardamom- und Elefantenbergen wie die Einheimischen den INSIDER TIPP weiblichen Schutzgeist Ya Mao um Beistand für die weitere Reise bitten – einfach drei Räucherstäbchen an einem der unzähligen Schreine anzünden und eine 1000-Riel-Note in die Spendenbox geben. Die Landschaft wird nun tropischer mit Kokos- und Zuckerpalmen sowie Ölpalmplantagen. **In Chamkar Luang führt der rechte Abzweig über die gut asphaltierte N48 an die Küste nach ❹ Koh Kong** → S. 54. Nehmen Sie ein Bad im Meer, erkunden Sie per Boot die Mangrovenwälder und die einstige Schmugglerinsel gleichen Namens.

❹ Koh Kong

TAG 5–6

10 km

❺ Cardamom-Berge

Von Koh Kong geht es in die abenteuerlichen ❺ Cardamom-Berge → S. 54, wo Entdeckernaturen beim mehrtägigen Trekking vielleicht noch den letzten wilden Elefanten Kambodschas begegnen. Sie paddeln im Kajak durch Mangrovenwälder, baden in Wasserfällen und schlafen in der **Rainbow Lodge** *(8 Zi. | 10-Bootsshuttle-Minuten vom Dorf Tatai | Tel. 012 160 25 85 | rainbowlodgecambodia.com | €€)* herrlich am Flussufer zu Füßen der Berge.

TAG 7

263 km

❻ Botanica Guesthouse

Zurück geht es über die N48 in südlicher Richtung in den verschlafenen Küstenort Kep, wo Sie in den Hängematten des **❻ Botanica Guesthouse** → S. 39 im Dschungelgarten ordentlich ausspannen können. **Die Rückfahrt Richtung Phnom Penh führt auf der N33** über **❼ Takeo** in die tiefste Provinz abseits der Touristenpfade – eine hübsche Landschaft aus weiten, in der Regenzeit überfluteten Reisfeldern und einem Netz uralter Kanäle (am reizvollsten Juli–Okt.). Planen Sie hier drei Stunden ein und brausen

TAG 8

107 km

❼ Takeo

Ein uraltes Netz aus Kanälen durchzieht das Land bei Takeo

Sie mit einem gecharterten Fischerboot *(ca. 35 US$)* auf dem **Kanal Nr. 15** und dem **Stung Takeo** durch leuchtend grüne Reisfelder, vorbei an Enten- und Büffelhirten sowie Fischersiedlungen bis zur Tempelruine **Phnom Da** *(Eintritt ca. 3 US$)*, die sich seit dem 11. Jh. auf dem 100 m hohen gleichnamigen Hügel erhebt und einen fabelhaften Panoramablick bis nach Vietnam bietet. Ein gutes Gästehaus in Takeo ist das **Daunkeo Guesthouse & Hotel** *(19 Zi. | Tel. 032 210303 | www.daunkeo.com | €)* mit Zimmern oder Bungalows in einem schönen Garten.

TAG 9

161 km

8 Phnom Chisor

20 km

9 Phnom Tamao Zoological Garden

50 km

1 Phnom Penh

Genießen Sie am nächsten Morgen weiter nördlich das fantastische Panorama vom Tempelberg **8 Phnom Chisor** *(Eintritt 2 US$)*, den man über 500 Stufen erklimmen kann. **Zum krönenden Abschluss Ihrer Tour geht es auf der N2 nordwärts ins riesige 9 Phnom Tamao Zoological Garden (auch Phnom Tamao Wildlife Rescue Center)** → **S. 118**, wo Sie Schwarzbären, Tigern und Elefanten begegnen, bevor Sie nach **1 Phnom Penh** zurückkehren.

3 AUF DER SPUR DER KHMER-KÖNIGE

START: 1 Phnom Penh
ZIEL: 11 Siem Reap

Strecke: 580 km

6 Tage
reine Fahrzeit 8 Stunden

KOSTEN: ca. 800 Euro (inklusive Mietwagen, Benzin, Unterkunft, Eintritte)
MITNEHMEN: Regenjacke, Sonnenschutz, feste Schuhe, Taschenstirnlampe (Beng Mealea) und effektives Mückenschutzmittel (mit DEET, in Kambodscha erhältlich)

ACHTUNG: In Beng Mealea unbedingt nur auf den ausgeschilderten Wegen und Straßen unterwegs sein, es besteht weiterhin Minengefahr!

Die meisten Touristen fahren von Phnom Penh nach Siem Reap bzw. Angkor mit Bussen – auf direktem Weg dauert das über die N6 keine sechs Stunden. Aber sie verpassen so erstklassige Attraktionen am Wegrand, etwa die 1300 Jahre alte Tempelstadt Sambor Prei Kuk und eine fast 1000 Jahre alte Brücke. Abgelegene Stätten wie Beng Mealea sind eine wunderbare Alternative zu Angkors teils überlaufenen Ruinen.

Von ❶ **Phnom Penh geht es auf der N6 gen Norden.** Kulinarisch interessanter Stopp ist das kleine Drehkreuz ❷ **Skun**, das unter den Khmer bekannt ist für seine INSIDER TIPP essbaren, faustgroßen Taranteln *(bing)*. Wie wäre es mit dieser exotischen Spezialität bei einer Pause auf dem großen Markt? **Im nördlich gelegenen Dorf** ❸ **Baray** und seinem Community Project können Sie im **Solar Café** *(€)* gut essen und im **Khmer Village Homestay** *(Tel. 012 635718 | www.khmerhomestaybaray.com | € | 2 Tage alles inklusive 60–65 US$ p. P.)* mit rustikal-bescheidenen, originellen Stelzenhütten (teils Klimaanlage) und einem Deluxe-Family-Bungalow übernachten. Nehmen Sie hier an einer Ochsenkarrenfahrt teil und besuchen Sie

TAG 1–3

❶ Phnom Penh

76 km

❷ Skun

41 km

❸ Baray

44 km

Transportmittel Nr. 1 auf dem Land ist immer noch der Ochsenkarren

4 Santuk-Seidenfarm

54 km

5 Phnom Santuk

4 km

6 Buddha Factory Village Kakaoh

TAG 4–5

43 km

7 Sambor Prei Kuk

29 km

eine traditionelle Tanzshow. Zu den weiteren Attraktionen rund um Baray gehören die 4 **Santuk-Seidenfarm** *(Mo–Sa 7–11, 13–17 Uhr | Anmeldung Tel. 012 90 66 04 | facebook: SantukSilks)* mit Rundgang von den Maulbeerbäumen durch die Produktionsstationen bis zum Souvenirshop, der 5 **Phnom Santuk** *(Eintritt ca. 2 US$)* mit dem gleichnamigen Kloster am Ende der 800(!)-stufigen Treppe und das 6 **Buddha Factory Village Kakaoh**, in dem Sie den Steinmetzen entlang der N6 über die Schulter schauen und vielleicht den schulterhohen Buddha für zu Hause erstehen können.

Am nächsten Tag besichtigen Sie **nordöstlich von Kampong Thom** den frühen Khmer-Tempel 7 **Sambor Prei Kuk** aus der Prä-Angkor-Epoche im 7. Jh. **Der teils holprige Weg führt zuerst mit dem Auto, Minibus oder Tuktuk auf der N64 durch ursprüngliche Khmer-Dörfer zu dem weitläufigen Tempelgelände inmitten des Walds.** Sambor Prei Kuk mit einst 100 Tempeln wurde von König Isanavarman I. unter dem Namen Isanapura errichtet – als Sitz des asiatischen Reiches Chenla. Der Prasat Sambor, erster von drei Gebäudekomplexen, beherbergt in seinen Ziegelsteintürmen die Kopien der Götterfiguren Durga und

Harihara (Originale in Phnom Penh). Der **ca. 600 m südwestlich gelegene** Prasat Tao, der Löwenturm, wird von zwei steinernen Löwen bewacht. **600 m im Südosten** beeindruckt der teils von Baumriesen überwucherte Prasat Yeai Poeun mit seinem zentralen 30 m hohen Turmheiligtum, das Shiva gewidmet war. In **8 Kampong Thom** liegt das INSIDER TIPP **Sambor Village Hotel** *(19 Zi. | Tel. 062 96 13 91 | www.samborvillage.asia | €€)* idyllisch mit kleinem Pool, hübschen Bunglows und Lokal am Stung Sen. Machen Sie am nächsten Tag einen Ausflug in den „amphibischen" Flussalltag auf dem Stung Sen und dem Tonle Sap und stechen Sie mit dem Speedboat in See: Am Ufer plantschen die Kids, Bauern bringen ihr Vieh zum Wasser und Fischer holen ihre Netze ein.

Morgens geht es auf der N6 weiter nach Norden. Mitten im Tonle-Sap-Becken zwischen Marschland, Reisfeldern und Zuckerpalmen führt beim Dorf Kampong Kdey eine massive Bogenbrücke aus Lateritblöcken, die **9** INSIDER TIPP **Speam Prap Tos**, über den Stung Chikreng: Mythologische Naga-Schlangen winden sich zu beiden Seiten; Bauherr vor fast 1000 Jahren war Jayavarman VII. Den lange Zeit verminten Angkor-Tempel **10 Beng Mealea** *(Eintritt 5, Parkplatz ca. 2 US$)* **erreichen Sie anschließend, wenn Sie von der N6 in Dam Deik den rechten Abzweig nehmen (kleine Asphaltstraße direkt vor dem Markt, kein Schild!).** Erst nachdem deutsche Bundeswehr-Experten die Region entmint haben (und noch weiterhin aktiv sind), ist die Ruine nun wieder vollständig zugänglich. Der Tempel aus dem 12. Jh. mitten im Wald imponiert durch sein Steinechaos mit ähnlich mystischer Atmosphäre wie der Ta Prohm in Angkor: Trümmerhaufen unter den gigantischen Wurzeln der Banyanbäume, versteckte, säulengetragene Galerien, die man auf allen Vieren kraxelnd durch Spinnweben und über Sandsteinblöcke erreicht (es geht aber auch bequemer ohne Indiana-Jones-Feeling über einen Holzsteg). Zu entdecken sind herrliche Shiva- und Krishna-Reliefs, die Apsaras schauen aus versteckten Nischen auf vergleichsweise wenige Touristen herab, allein jedoch ist man hier leider nicht mehr. Kommen Sie früh her, bevor ab neun Uhr die Touristenbusse mit großen lautstarken chinesischen Gruppen eintreffen. **Danach geht es auf der N6 bis 11 Siem Reap** → S. 73, wo Sie Tag und Tour in der **Soria Moria Rooftop Bar** mit Khmer-Fusion-Küche und Cocktail auf dem Dach ausklingen lassen.

8 Kampong Thom

TAG 6

88 km

9 Speam Prap Tos

59 km

10 Beng Mealea

52 km

11 Siem Reap

4 VON ART DÉCO BIS NEW KHMER IN PHNOM PENHS ALTSTADT

START: ❶ Nationalmuseum
ZIEL: ❽ Riverside Bistro

Strecke:
➡ 3 km

½ Tag
reine Gehzeit
½ Stunde

KOSTEN: 10 Euro (Getränke, Kino)
MITNEHMEN: Regen-/Sonnenschutz

ACHTUNG: Phnom Penh ist abseits der Nebenstraßen keine Flanierstadt, sondern stickig, lärmend und voller Verkehr. Niemand bremst für Fußgänger, also unbedingt defensiv und sehr aufmerksam gehen. Wegen der Moped-„Taschenschnapper" die Tasche oder Fotokamera immer quer umhängen oder einen Rucksack nehmen.

Durch den ältesten Stadtteil führt diese Tour vorbei an den Epochen der städtischen Architekturgeschichte, in der ab 1863 die Franzosen in ihrem Protektorat das Sagen hatten und wunderschöne Kolonialbauten hinterließen. Die „New Khmer Architecture" im Stil der europäischen Nachkriegsmoderne entstand in den 1950er–1960ern mit berühmten Architekten wie Vann Molyvann, die sich etwa an Le Corbusier orientierten und eine einzigartige Tropenarchitektur schufen, die mit Licht und Schatten, Wind und Luft spielt. Ein Mix aus eleganten Art-déco-Gebäuden neben klobigen Apartmentblocks mit gleichförmigen schubladenartigen Balkons und den wohl letzten windschiefen chinesischen Shophouses.

❶ Nationalmuseum

❷ Davy's Shake Shack

08:00 Starten Sie am tempelartigen ❶ **Nationalmuseum** → S. 41 **und folgen Sie der Street 178 stadteinwärts** – nicht ohne jedoch zuvor **an der Ecke zur Street 13** einem kuriosen **Toilettenhäuschen** Beachtung zu schenken, das sich als ein unscheinbarer modernistischer Rundbau von 1959 entpuppt. Gleich gegenüber vom Museum fällt hinter einem schmiedeeisernen Zaun eine wunderschöne, um 1900 erbaute Villa mit Ziegeldach, zierlich-kreolisch wirkenden Dachverzierungen und großem, säulengetragenem Balkon ins Auge. **Zwischen der Street 13 und 19 (letztere auch: Preah Ang Yukanthor Street)** bieten einige Obst- und Getränkebuden eine saftige Erfrischung, etwa ❷ **Davy's Shake Shack** *(Mo–Sa 6.30–17 Uhr)* mit Eiskaffee, Banana-Mango-Papaya-Shake oder Passionfrucht-Smoothie. Weiter auf der 178 liegt linker Hand die hundertjährige University of Fine Arts aus rotem Backstein.

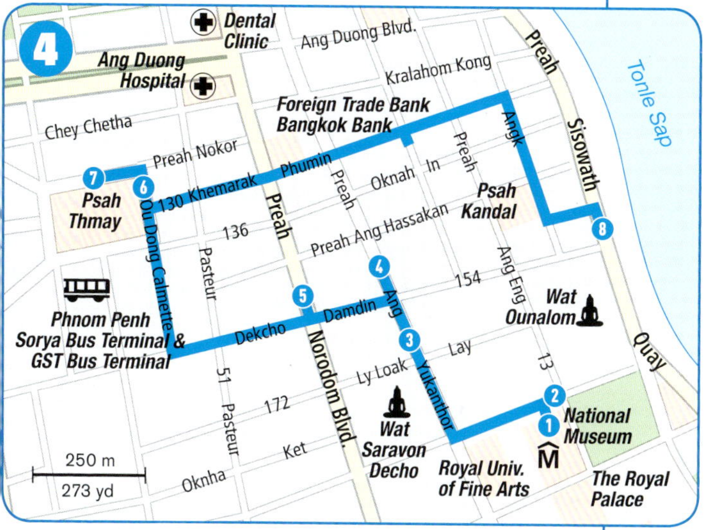

Biegen Sie nun rechts ab in die Street 19, wo sich ein Eckhaus mit Dachpergola geradezu um die linke Ecke der Street 172 „biegt" – abgerundete Ecken sind typisch für den 1940er-Baustil in Phnom Penh. Hinter Hausnummer 126 verbirgt sich ein hübscher Innenhof mit **3 Tea Garden** *(facebook: teagardenphnompenh | €€)* – legen Sie in dem Gartenlokal eine Pause ein – mit French Toast oder Earl-Grey-Schokoladenkuchen zu ausgesuchtem Tee. Beachten Sie den original erhaltenen Fliesenboden. **Ein paar Schritte weiter (Ecke Street 148)** wartet das herrliche, seit 2016 geschlossene **4 Capitol Cinema** von 1964 mit seiner außergewöhnlichen abgerundeten Fassade.

3 Tea Garden

4 Capitol Cinema

10:00 **Vorbei an einigen alten verblichenen Shophouses, den typischen chinesischen Reihenhäusern mit Läden unten und Wohnungen oben, gelangen Sie auf der Street 154 zum Norodom Boulevard mit dem 5 Ciné Lux** an der Ecke, das ebenfalls in 2017 geschlossen wurde. An den beiden allmählich verfallenden Art-déco-Kinos wird sich zeigen, wie die Stadtobersten angesichts rasender Immobilien- und Grundstückspreise mit ihren architektonischen Schmuckstücken aus den 1930er- und 1960er-Jahren umgehen – vielleicht entstehen hier bald schon Hotels ... **Überqueren Sie nun den Norodom Boulevard – am besten im „Windschatten" eines Kambodschaners –, gehen**

5 Ciné Lux

6 historisches Kolonialhaus

7 Phsar Thmay (Thmei)

Sie weiter auf der Street 154 bis zur Street 53, in die Sie rechts einbiegen. An der nächsten Ecke gegenüber vom Central Market behauptet sich tapfer **6 eins der ältesten Kolonialhäuser**: Beachten Sie die Aufbauten – aus Holz, Ziegeln und Spiegelglas zusammengeschustert, um zusätzlichen Wohnraum auf Balkonen und Dächern zu schaffen – „Penthouses à la Khmer" sozusagen. Phnom Penhs Art-déco-Schmuckstück ist jetzt nicht mehr zu übersehen, der **7 Phsar Thmay (Thmei)** **→ S. 44**: Der 1937 in symmetrischer Geometrie als Kreuz mit vier Flügeln errichtete Zentralmarkt strahlt erhabene Monumentalität aus. Tauchen Sie ein in das Marktgetümmel, halten Sie Ausschau nach einem typischen Krama-Schal. **Folgen Sie dann rechts der Street 130 bis Norodom Boulevard** – dabei passieren Sie ein stolzes Gebäude mit rund geschwungener Ecke und zierlichen Granitsäulen: die ehemalige „Peugeot Garage" und Laden von 1935, heute eine chinesische Bank.

AUTHENTISCH REISEN

Wer Kambodscha wirklich aus Sicht der Einheimischen erleben möchte, dem sei eine nostalgische INSIDER TIPP Fahrt mit der Königlichen Eisenbahn (s. S. 127) zwischen Phnom Penh und Battambang empfohlen. Erst seit 2015 durfte die Strecke, die lange Zeit eingestellt war, auch wieder von Ausländern mit abenteuerlichen Bummelzügen befahren werden, bald darauf auch die Südtrasse an die Küste zur Hafenstadt nach Sihanoukville (an der übrigens die BRD 1960–1969 mitgebaut hat, bis die Roten Khmer die Eisenbahnanlagen ab 1975 zerstörten). Mit viel Zeit können Sie auf einer Tagesfahrt mit der heute modernisierten *Königlichen Eisenbahn Kambodscha (alle zwei Tage Abfahrt in Phnom Penh ca. 6.30, Ankunft in Battambang ca. 17.15 Uhr)* 280 km durch die Landschaft nach Norden ruckeln. Man sollte früh erscheinen, um einen Platz zu ergattern. Motorschaden muss man hier einkalkulieren.

Mindestens so authentisch ist ein Aufenthalt im Öko-Homestay INSIDER TIPP *Trapeang Sangkae Community Based Ecotourism-Kampot (6 Zi. | 7 km westlich von Kampot auf der N3 | Tel. 017 30 65 05 | Facebook: Trapeang Sangkae Community Based Ecotourism-Kampot | deutsche Infos: www.sci-d.de | €)*. Bei den muslimischen Cham-Fischern erfahren Touristen und Freiwillige (im Rahmen eines Workcamps) Wissenswertes über die Wiederaufforstung des vor einigen Jahren hier zunehmend kahlgeschlagenen Mangrovenwalds, der so wichtig ist für den Küstenschutz (Erosion, Fluten), als Habitat vieler Fische und anderer Lebewesen – und somit auch als Lebensgrundlage der Fischer. Heute werden die Mangroven in Baumschulen gezüchtet, wiederangepflanzt und sogar bewacht! Man wohnt in sechs simplen Holzhütten mit Lokal oder direkt bei einer von zehn Fischerfamilien, geht Kajak fahren und baden im See oder fährt mit hinaus zum Fischen.

Phsar Thmay: Der kreuzförmige Art-déco-Bau beherbergt Phnom Penhs zentralen Markt

13:00 **An der Ampel Ecke Street 130 lässt sich der Norodom Boulevard ganz sicher Richtung Fluss überqueren.** Entlang von Bürogebäuden und Wohnhäusern im Schatten der Tamarinden geht es nun weiter in Richtung Fluss. Und in der Street 15 können Sie gleich drei interessante, benachbarte Kreuzungen näher in Augenschein nehmen: zweistöckige Kolonialbauten mit umlaufenden Balkonen, typische New Khmer Architecture, Art-déco-Bauwerke und sich dazwischen duckende fragile Laden-Wohn-Häuschen, die vielleicht den nächsten Monsunsturm nicht überstehen werden. **Zurück auf der Street 130 fällt rechts** das ehemalige Hotel International aus dem Jahr 1905 ins Auge mit seinem verblassten Schriftzug, der Kuppel, vergitterten Balkonen und Dachbaracken, **bevor Sie an der herrlich restaurierten gelben Kolonialvilla von 1918 rechts in die Street 5 abbiegen und bald den geschäftigen Kandal Market passieren.**

14:00 Der Spaziergang endet zur Linken am Sisowath Quay/Ecke Street 148, wo Sie in einem altrosafarbenen, frisch herausgeputzten Kolonialgebäude zum Lunch in die Korbsessel des 8 **Riverside Bistro** (*€€€*) sinken können.

8 Riverside Bistro

SPORT & WELLNESS

Kambodscha ist ein Land für Sportler, die das Abenteuer suchen. Aber viele Sportarten stecken noch in den Kinderschuhen, wie etwa das Rockclimbing oder Höhlenwanderungen, auch wenn die oftmals jungfräuliche Natur ein riesengroßes Potenzial bietet.

Motocross- und Mountainbiketouren mit Offroad-Feeling auf den staubigen Straßen sind inzwischen sehr beliebt. Spaß und Adrenalinkicks ohne Abgase verheißen die immer trendigeren Canopys und Ziplines sowie natürlich Trekkingtouren in den Nationalparks Kambodschas. Auch Massagen gehören zum (passiven) Erholungsprogramm, das viele bessere Hotels anbieten – allerdings ist der Standard nicht vergleichbar mit Wellness-Destinationen wie Thailand.

CANOPY, ZIPLINES & HÄNGEBRÜCKEN

Die populärste „Eco"-Action für alle Altersklassen in Asien ist nun auch in Kambodscha angekommen: Einmal wie Tarzan durch den Dschungel schweben, zwischen den Baumwipfeln auf schwankenden Hängebrücken balancieren und im (fast) freien Fall wie die Affen am Drahtseil hängen – und zum Schluss noch 50 m am Baumriesen abseilen. In Siem Reap hängt die längste Zipline des Lands, man hangelt sich von Plattform zu Plattform, für Flitterwöchner gibt es sogar ein „doppeltes" Pärchendrahtseil. Der Spaß ist nicht billig, dafür gehören zur Ausrüstung Helm, Handschuhe und Gurte westlichen Standards dazu. *Ang-*

 Bild: Trekking im Nationalpark Phnom Kulen

Sportliche Herausforderungen, echte Abenteuer oder gemütlicher Zeitvertreib – hier wird es garantiert nicht langweilig

kor Zipline | ab ca. 60 US$ p.P. | angkor zipline.com

GOLF

Einputten zwischen Ruinen: In Siem Reap kann man auf zwei Plätzen den Schläger schwingen, z.B. auf dem anspruchsvollen *Phokeethra Country Club (18-Loch | Greenfees ab ca. 53 Euro für Gäste | www.phokeethragolf.com)* vom Sofitel Hotel. In der Nähe Phnom Penhs befinden sich der *Royal Cambodia Phnom Penh Golf Club (ca. 9 km südlich von Phnom Penh)* mit seinem 9-Loch-Platz und der luxuriöse *Cambodia Golf & Country Club (35 km südwestlich von Phnom Penh nahe dem Dorf Kambol)*, der landesweit erste Golfclub mit 18 Löchern zwischen Zuckerpalmen und Teichen.

KAJAK-, KANU- & BOOTSTOUREN

Auf den vielen Flüssen bieten sich herrliche Gelegenheiten, das Paddel zu schwingen und an Fischerdörfern, Pagoden und teils dschungelartiger Kulisse entlangzugleiten *(z. B. am Tonle-Sap-See, bei Battambang, Ratanakiri und an der Küste bei Sihanoukville und Kep; Boote zu mieten in den Hotels oder über Veranstalter)*. Auch ohne sportliche Betätigung lohnen sich die Bootsfahrten, etwa auf dem Mekong (leider nur noch Charterboote), auf dem Tonle-Sap-See und bis nach Vietnam durchs Mekongdelta. Angeboten werden beispielsweise Touren zwischen Phnom Penh und Siem Reap *(www.cfmekong.com)*. Die *Pandaw (www.pandaw.com)* pendelt als luxuriöses Flusskreuzfahrtschiff zwischen Saigon, Phnom Penh und Siem Reap.

MOTOCROSSTOUREN

Je schlechter und schlammiger die Piste, desto höher schlagen die Herzen der echten Fans von „Dirt Bike"-Touren, sei es zu entlegenen Angkor-Tempelruinen oder auf einem Zweitagestrip durch den letzten Dschungel zwischen Ban Lung und Sen Monorom, über Sandpisten, vorbei an Rinderherden und durch überflutete Talsenken. Man sollte ein geübter Off-Road-Fahrer für Kambodscha sein und sich über die schlechte medizinische Versorgung weit abseits der Hauptstadt oder Siem Reap im Klaren sein. Touren, Informationen und Motorräder gibt es beispielsweise bei INSIDER TIPP *Adventure Rider Asia (unter deutscher Leitung | Tagestouren ab 135 US$, Verleih ab 25 US$ | am Highway 76 | Sen Monorom | Tel. 078 0 25 03 50 | www.adventurerider asia.net)* oder im *Green House* bei „Lucky" (Mr. Sam Nang) *(Sen Monorom | www.greenhouse-tour.blogspot.de)*.

RADTOUREN

Kambodscha ist ein weithin flaches Land ohne viel motorisierten Verkehr – ideal zum Radfahren. Allerdings nicht ohne Tücke, denn leider nehmen mit der Asphaltierung der Landstraßen auch die Verkehrsunfälle zu. Das Hochland ist eine noch wenig bekannte Herausforderung für Mountainbiker. Man kann einfache Räder kaufen oder ausleihen in Phnom Penh; wer hohe (sportliche) Ansprüche hat, sollte sein eigenes Rad mitbringen. Ganz gewöhnliche Radler können interessante Rundreisen auch in weniger bekannte Lan-

Für alle, die nicht gern selbst das Paddel schwingen: Bootsfahrt auf dem riesigen Tonle-Sap-See

desecken buchen, z. B. bei *Asia Adventures (www.asia-adventures.com)* und *Grasshopper Adventures (www.grasshopperadventures.com)*. Radreisen mit der Möglichkeit ehrenamtlichen Engagements bietet *Pepy Ride (www.pepytours.com)*.

ROCKCLIMBING

Die ersten Felsenkletterer sind da! Es wird nicht lange dauern, bis es auch in Kambodscha eine geeignete Infrastruktur mit herausfordernden Touren wie in den Nachbarländern Thailand und Vietnam gibt. Bis dahin gilt: die eigene Ausrüstung mitbringen! Gegenden mit viel Kletterpotenzial sind die INSIDER TIPP zerklüfteten Karsthügel bei Kampot, Kampong Trach und Kampong Cham (beides mit einigen Routen), im Norden Battambang sowie Takeo und Siem Reap. Übungsgelegenheiten finden Sie in Phnom Penh und Siem Reap. *Info: www.rockclimbingincambodia.com*

SCHNORCHELN & TAUCHEN

In Sihanoukville bieten einige PADI-Tauchschulen Tauchausflüge und Kurse auf Deutsch an. Die meisten Tauchgebiete liegen der Sichtbarkeit wegen (10–25 m, manchmal 40 m) mindestens 1,5–2 Stunden Bootsfahrt vor der Küste, etwa bei Koh Kon, Koh Rong Samloem und Koh Tang. Dabei können Sie größere Gruppen von bis zu 2 m langen Cobia-Barschen, schillernde Papagaienfische und andere bunte Meeresbewohner sehen. Bei Nachtfahrten lassen sich blau gepunktete Stachelrochen, kleinere (ungefährliche) Haie und manchmal sogar Delphine blicken. Beim westlicheren Koh Kong lässt es sich gut tauchen, vor allem im Koh-S'dach-Archipel mit vielen unberührten Korallenbänken. Beste Tauchzeit ist November bis ca. Mai, in der Regenzeit ist das Meer zu aufgewühlt. *Infos: Scuba Nation (www.divecambodia.com)*

WANDERN & TREKKING

Kambodscha besitzt rund 20 Nationalparks, Naturschutzgebiete und Biosphärenreservate. Die beste Infrastruktur mit teils englisch sprechenden Rangern gibt's im *Virachey-Nationalpark*, der die abenteuerlichsten Touren mit Chance auf Wildtierbeobachtung bietet *(viracheyecotourism.blogspot.de, www.trekkingcambodia.com)*. Am bequemsten in Tagesausflügen von Sihanoukville aus zu erkunden sind der *Bokor-Nationalpark* und der *Ream-Nationalpark* (mit spartanischen Übernachtungsmöglichkeiten), außerdem der *Kirirom-Nationalpark* nahe Phnom Penh.

Potenzial für die Zukunft haben die *Cardamom-Berge* nahe Koh Kong mit den letzten Beständen an Tigern und wilden Elefanten – hier kann man in dörflichen Homestays wie *Chi Phat* übernachten, etwa bei einer vier- oder siebentägigen Trekkingtour mit *Asia Adventures (www.asia-adventures.com)*.

MIT KINDERN UNTERWEGS

Kambodscha gehört auf den ersten Blick nicht zu den bestgeeigneten Reiseländern für Kinder, schon aus gesundheitlich-hygienischen Gründen (wegen Typhus, Hepatitis, Malaria, Dengue u. a. mit Impfungen, Mückenschutz usw. unbedingt an die entsprechende Vorsorge denken!). Unterwegs ist es wichtig, die ganze Familie mit hohem Lichtschutzfaktor einzucremen, Käppi oder Hut aufzusetzen und viel zu trinken! Cola, Pommes oder Spaghetti gibt es in den Touristenzentren, auf Eiscreme sollte man in Kambodscha verzichten. Kinderbetten in den Hotels sind Mangelware ebenso Windeln (Stoffwindeln und ausreichend Schnuller einpacken). Einige klassische Aktionen, an denen Kinder fast jeden Alters Spaß haben, finden Sie in den jeweiligen Kapiteln: Elefantenreiten in den Provinzen Mondulkiri und Ratanakiri etwa oder Toben am Wasser an der Küste z. B. in Sihanoukville.

PHNOM PENH

KIDS CITY (U D5) (🕮 d5)

Hier vergnügen sich die Kleinsten auf einem klimatisierten Indoor-Spielplatz mit Trampolinen und Rutschen, die Größeren toben sich an Kletterwänden, in Gokarts, *bumper cars* (eine Art Autoscooter) oder beim Laserschießen aus. *Mo–Fr 10–20, Sa/So 9–20 Uhr | Eintritt bzw. Gebühr (pro Aktivität!) für Kinder 5–8 US$ | 162 a Preah Sihanouk Blvd. | www.kidscityasia.com*

PHNOM TAMAO WILDLIFE RESCUE CENTER (141 D4) (🕮 H5)

Die landesweit mit 25 km² beste (private) Tierschutzeinrichtung mit mehr als 1200 Tieren. Hier finden viele aus illegalem Fang gerettete Tiere Unterkunft. Schwarzbären, Rehwild, Tiger und Elefanten leben in teils begehbaren Gehegen – am meisten los ist bei den Gibbons, die man auch füttern darf. Oder man lässt sich ein T-Shirt bemalen – mit dem Elefantenrüssel. *Tgl. 8–16 Uhr | Eintritt 5, Kinder 2 US$; Tagestouren Wildlife Rescue Center 150 US$, Kinder (10–16 J.) 75, (3–9 J.) 30 US$ | www.wildlifealliance.org. 44 km südlich von Phnom Penh*

WAT BODUM PLAYGROUND

● (U E4) (🕮 e4)

Klettergerüste, Schaukeln, Rutschen – auf dem neu angelegten, gepflegten Spielplatz schlagen Kinderherzen höher. Etwas mehr Schatten dürfte es sein, aber man muss ja nicht unbedingt in der Mittagshitze herkommen; eine Aufsicht, Imbissstände und Restaurant gibt es auch. *Gegenüber vom Wat Bodum im gleichnamigen Park*

Schmetterlinge und Ponys, Schattenfiguren und Riesenrutschen – Kinder können in Kambodscha viel Spaß haben

FANTASTIC WATER WORLD PHNOM PENH (0)
Meereswellenpool und Riesenwasserrutschen (nur wochenends), Springbrunnen und gigantische Schwimmreifen – jede Menge Badespaß verspricht der Wasserpark (nicht mit deutschen Standards an Sicherheit und Instandhaltung zu vergleichen!). *Di–So 9–18 Uhr (weniger voll werktags 10–14 Uhr) | Eintritt 4 US$ wochentags, 5 US$ Wochenende | Hanoi Road, Street 598, Phum Khmuonh | fantasticwaterworld.com.kh*

SIEM REAP

BUTTERFLY GARDEN RESTAURANT
(143 C3) (*c3*)
1500 Schmetterlinge in einem tropischen Garten (mit Netz): Während die Eltern traditionelle Livemusik und Fußbäder genießen, können sich die Kinder anders vergnügen: Jeden Mo, Do und Sa werden um 11 Uhr Hunderte von Schmetterlingen freigelassen – gefangen von Kindern aus armen Dörfern, die dafür bezahlt werden. *Tgl. 9–22 Uhr | zwischen Fluss und Wat Bo Street, nahe Wat-Prohm-Rot-Brücke | www.butterfliesofangkor.com* | €

SCHATTENFIGUREN-THEATER
(143 C3) (*c3*)
Im *La-Noria-Hotel* in Siem Reap führen Kinder des Krousar-Thmey-Waisenhauses das Schattenfiguren-Theater *sbeik thom* und *sbeik touch* (auch: *sbeik toot*) sowie traditionellen Tanz auf. *Mi 19.30 Uhr | Eintritt ca. 7 US$ plus extra Dinnerpreise | Tel. 063 96 42 42 | www.lanoriaangkor.com.* Oder man besucht das Schattentheater im *Bayon Restaurant* in der *Wat Bo Street*.

THE HAPPY RANCH (136 C3) (*F2*)
Auf der Ranch von Sary Pann nahe Siem Reap kann man Reitstunden buchen, auf kambodschanischen Ponys *(Std. ab 38 US$)* ausreiten oder ausgedehnte Kutschfahrten zu den Tempeln der Umgebung unternehmen. *N 6 Richtung Airport, ca. 1,5 km westlich von Siem Reap | Tel. 012 92 00 02 | ww w.thehappyranch.com*

EVENTS, FESTE & MEHR

EVENTS & NEWS

→ S. 2/3

KAMBODSCHANISCHE FESTE

APRIL

Zum Ende der Erntezeit Mitte April herrscht beim Khmer-Neujahr, dem ***Bonn Choul Chhnam Thmey,*** mindestens drei Tage lang Ausnahmezustand in Kambodscha: auf den Landstraßen, in den Hotels (verdoppelte Zimmerpreise, früh buchen!) und den Restaurants (voll oder geschlossen). Am Neujahrstag nach dem Mondkalender platzen die Pagoden vor festlich gekleideten Besuchern aus allen Nähten: Dort tanzt man ***ram vong***, eine Art Reihentanz in Zeitlupe, den Mönchen und Buddha werden Spenden dargebracht – in kleinen Bananenblatt-Körben voller Geld, Esswaren, Räucherstäbchen, Tabak, Blumen oder Obst. Dabei spielen Glückszahlen eine große Rolle: Man spendet beispielsweise fünf Kerzen, sieben Zigaretten ... Zum Dank gießen die Mönche eimerweise gesegnetes Wasser über die Gläubigen. Denn das Neujahr ist auch die Zeit für eine gründliche (symbolische) Reinigung: Buddhastatuen und Häuser werden geputzt, man kauft sich neue Kleidung. Wer auf den Landstraßen unterwegs ist, sieht mehr oder weniger angesäuselte „Wegelagerer", die tanzend, lachend und singend die Straße sperren und um „Spenden" bitten.

MAI

Beim ***Bon Chroat Preah Nongkoal***, der königlichen Pflugzeremonie, wird der Platz vor dem Nationalmuseum symbolisch gepflügt, denn im Mai – zum Anfang des Monsuns – beginnt die Saatzeit. Die königliche Pflugzeremonie ist eine Art Wettervorhersage und Weissagung mittels Astrologen und königlicher Ochsen: Nach dem Pflügen wählen die Ochsen aus Goldnäpfen mit Reis, Mais, Bohnen, Gras und anderen Feldfrüchten sowie Wasser und Wein – was sie fressen, gilt als besonders ertragreiches Produkt in der kommenden Saison. Falls die Ochsen vom Wein saufen, steht den Bauern und ganz Kambodscha ein katastrophales Jahr bevor, etwa mit Überflutungen. Egal wie das Omen ausfällt: Dieser typische Volksaberglaube ist ein farbenfrohes Ereignis mit vielen traditionell gekleideten Akteuren.

OKTOBER/NOVEMBER

Bei dem dreitägigen Vollmondfest der wechselnden Strömungen, dem landesgrößten Festival mit farbenprächtigen Bootsregatten, prachtvoll erleuchteten Schiffen und Feuerwerk, feiern Tausende in Phnom Penh am Ufer des Tonle Sap das Ende der Regenzeit. Hintergrund von ★ ● ***Bon Om Touk*** ist die sich umkehrende Strömung des Tonle-Sap-Flusses,

Ausgelassene Feste, königliche Zeremonien und orakelnde Ochsen – feiern Sie mit an kambodschanischen Feiertagen

wenn er die Wassermassen des durch den Monsun angeschwollenen Mekong nicht mehr halten kann und rückwärts in den Tonle-Sap-See fließt. Früher gab der gottgleich verehrte Khmer-König dem Tonle Sap per Hand den „Befehl", seine Richtung zu ändern. Nach Jahrzehnten des Bürgerkriegs, Völkermords und kommunistischer Besatzung steht seit den 1990er-Jahren wieder der König auf der Ehrentribüne direkt am Zusammenfluss von Mekong und Tonle Sap. Eines seiner königlichen Boote „durchschneidet" das über den Fluss gespannte Seil, die symbolische Tür, durch die der Tonle Sap nun wieder gen Meer fließen darf – mit Abermillionen Fischen.

DEZEMBER

Tausende Läufer aus mehr als 40 Ländern versammeln sich alljährlich zum ***Angkor Wat International Half Marathon*** entlang der Tempelruinen. 5 km langer *Fun Run* auch für Amateure. *Facebook: angkorwathalfmarathon*

FEIERTAGE

1. Jan.	Neujahr
7. Jan.	Befreiung von den Roten Khmer
Februar	*Meak Bochea* (buddh. Vollmondfest)
8. März	Intern. Frauentag
1. Mai	Tag der Arbeit
Mai	*Visaka Bochea* (Geburt, Erleuchtung, Todestag Buddhas)
13.–15. Mai	Geburtstag König
18. Juni	Geburtstag Königin
September	*Bon Phchom Ben* (Ahnenfest)
24. Sept.	Tag der Verfassung
29. Okt.	Krönungstag
31. Okt.	Geburtstag Königsvater
9. Nov.	Nationalfeiertag
10. Dez.	Intern. Tag der Menschenrechte

LINKS, BLOGS, APPS & CO.

LINKS & BLOGS

www.marcopolo.de/kambodscha Ihr Online-Reiseführer mit allen wichtigen Informationen, Highlights und Tipps, interaktivem Routenplaner, spannenden News und Reportagen sowie inspirierenden Fotogalerien ...

short.travel/kam1 Beamen Sie sich hinein ins Khmer-Reich! Dank der interaktiven Panoramafotografie stehen Sie mitten in den Tempel-Trümmerbergen von Preah Khan und Preah Vihear

andybrouwer.co.uk/ctales1.html Andy Brouwer reist seit 1994 durch Kambodscha, lebt und arbeitet seit 2007 in Phnom Penh und füttert seinen englischsprachigen Blog täglich mit fundierten Reiseberichten, „Cambodia Tales" aus allen Landesecken und vielen interessanten Artikeln – ein wahrer Insider

www.asialifemagazine.com/cambodia Hier erfährt man Wissenswertes über Kunst und die Restaurantszene, die neuesten Hot Spots und Trends

blueladyblog.com Die Bloggerin Kounila Keo stellt Recherchefilme und Spielfilmausschnitte von Filmmachern auf ihre englischsprachige Seite

www.sea-globe.com Der *Southeast Asia Globe* ist ein von Deutschen und Kambodschanern gemeinsam in Phnom Penh gemachtes monatliches Nachrichtenmagazin mit Schwerpunkt Fotografie. Es erscheint auf Englisch gleich in mehreren asiatischen Ländern

loungung.com Loung Ung, die bekannte Autorin und Aktivistin gegen Landminen, sammelt auf ihrer englischsprachigen Website alle möglichen News – von essbaren Taranteln über Rockbands bis zum Rote-Khmer-Tribunal

www.kambodscha-info.de Dieses deutschsprachige Forum bietet interessante Links zu Presseberichten sowie Fotogalerien

Egal, ob für Ihre Reisevorbereitung oder vor Ort: Diese Adressen bereichern Ihren Urlaub. Da manche sehr lang sind, führt Sie der short.travel-Code direkt auf die beschriebenen Websites. Falls bei der Eingabe der Codes eine Fehlermeldung erscheint, könnte das an Ihren Einstellungen zum anonymen Surfen liegen

VIDEOS & MUSIK

www.cambodiatribunal.org Auf dieser Seite können Sie die Ereignisse im Völkermord-Tribunal im Gerichtssaal in Phnom Penh mitverfolgen (mit englischen Untertiteln)

short.travel/kam4 In der Holzklasse durch Kambodscha – tolle Impressionen einer Fahrt mit der nostalgischen Diesellok und alten Waggons der Königlichen Eisenbahn Kambodscha von Phnom Penh nach Sisophon

luckfilm.de/die-spur-der-tempelraeuber Auf die Spur der Tempelräuber begibt sich der deutsche Filmemacher Wolfgang Luck in seiner preisgekrönten arte-Dokumentation: Von New York (Metropolitan Museum, Sotheby`s) über Schwarzmärkte und -händler in Bangkok zurück in den Dschungel nach Nordkambodscha

short.travel/kam5 Über das deutsch-kambodschanische Kulturzentrum Meta House in Phnom Penh und die dortigen Kunstausstellungen, Filmpremieren, kurz: die Kunst- und Medienszene in Kambodscha usw.

short.travel/kam6 Angelina Jolie spricht über ihre ersten Dreharbeiten in Kambodscha im Jahr 2000 und wie das Land sie verändert hat. Das Ganze ist zwar „nur" eine Charity-Werbe-Aktion für Louis-Vuitton-Taschen mit Star-Fotografin Annie Leibovitz in Kambodscha – aber hervorragend gemacht

www.khmernetradio.com Stimmen Sie sich auf kambodschanische Musik ein, die Sie spätestens im landestypischen Ausflugslokal hören werden. Schaurig schöne Oldies und Ram-Vong-Klassiker im Khun-Pimoj-Netz-Radio

APPS

World Nomads Cambodian Language Guide Nie wieder sprachlos! Die englischsprachige App listet die wichtigsten Begriffe für Reisende mit den passenden Übersetzungen auf. Mit kleinem Sprachkurs

Cambodia Wallpapers Sie möchten Kambodscha immer dabei haben? Dann brauchen Sie sich nur diese App mit wunderschönen Fotos des Lands aufs Smartphone laden

WeGo, PassApp: Über diese kambodschanischen Apps gibt es in Phnom Penh Taxis und Tuktuks. Oder über Grab

PRAKTISCHE HINWEISE

ANREISE

Nach Kambodscha gibt es keine direkte Flugverbindung von Europa. *Vietnam Airlines* fliegt von Frankfurt nach Saigon bzw. Hanoi, weiter mehrmals täglich nach Phnom Penh und Siem Reap *(www.vietnamairlines.com/de)*. *Thai Airways* fliegt über Bangkok *(www.thaiairways.com)*. Nach Bangkok fliegt auch *Condor (www.condor.com)*, die Flugzeit beträgt ca. 12–13 Stunden, Flugpreis ca. 1000 Euro.

AUSKUNFT

ASIAN TRAILS
22 Street 294 | Phnom Penh | Tel. 023 216555 | www.asiantrails.info

ABOUT ASIA TRAVEL
Charming City | Charles De Gaulle Avenue | Siem Reap | Tel. 092 121059 | www.aboutasiatravel.com

MONSOON TOURS
21C Street 371 | Sangkat Teok Thla, Bezirk Khan Sen Sok | Phnom Penh | Tel. 011 984879 | www.monsoontours.com

BANKEN & GELD

Banken öffnen meist Mo–Fr 8–15.30/16, einige Sa 8–11.30/12 Uhr. Der Riel ist offizielle Landeswährung, gängiges Zahlungsmittel bei allen größeren Ausgaben als einer Nudelsuppe ist der US-Dollar, der problemlos hier gegen Euro eingetauscht werden kann. Es empfiehlt sich eine Bar-Mischung aus ein paar Tausend Riel, Dollar und Euro sowie Kredit- und Maestro-Karte. Achtung: Die seit einigen Jahren „neuen" VPay-girocards (ohne Maestro-Zeichen, aber mit Chip) funktionieren hauptsächlich in Europa, in Kambodscha meist nicht! Keine Probleme bereiten VISA und Mastercard. Geldautomaten gibt es in Phnom Penh, Siem Reap, Sihanoukville, Battambang, Kampot und Sen Monorom, bis 5 Prozent bzw. Maestro-Karte max. 4 Euro Gebühr. Größere Hotels akzeptieren die gängigen Kreditkarten. Geldwechsel ist oft günstiger bei lizenzierten Wechselstuben *(Money Change)*, die es landesweit gibt, oft ganz unscheinbare Stände.

DIPLOMATISCHE VERTRETUNGEN

DEUTSCHE BOTSCHAFT
76–78 Street 214 (Rue Yougoslavie) | Phnom Penh | Tel. 023 216193 u.

GRÜN & FAIR REISEN

Auf Reisen können auch Sie viel bewirken. Behalten Sie nicht nur die CO_2-Bilanz für Hin- und Rückreise im Hinterkopf *(www.atmosfair.de; de.myclimate.org)* – etwa indem Sie Ihre Route umweltgerecht planen *(www.routerank.com)* – , sondern achten Sie auch Natur und Kultur im Reiseland *(www.gate-tourismus.de; www.ecotrans.de)*. Gerade als Tourist ist es wichtig, auf Aspekte wie Naturschutz *(www.nabu.de; www.wwf.de)*, regionale Produkte, wenig Autofahren, Wassersparen und vieles mehr zu achten. Wenn Sie mehr über ökologischen Tourismus erfahren wollen: europaweit *www.oete.de*; weltweit *www.germanwatch.org*

216381 | www.phnom-penh.diplo.de (auch für Österreicher)

SCHWEIZER BOTSCHAFT
50 Street 334 | Boeung Kengkang 1 | Phnom Penh | Tel. 023 218305 | www.eda.admin.ch

EIN- & AUSREISE

Derzeit wird das vierwöchige *Visum on arrival* (VOA) noch an den internationalen Flughäfen Phnom Penh und Siem Reap bei der Einreise erteilt (Passfoto, 30 US$ in bar und mindestens sechs Monate gültiger Reisepass) – erkundigen Sie sich bei der Botschaft nach den aktuellen Bestimmungen!
Wer sich Unsicherheit oder Scherereien an den Grenzübergängen ersparen möchte, sollte das Visum vor der Reise bei der Botschaft (s. u.) beantragen oder als E-Visum (s. u.) besorgen. Für Kinder sind eigene Kinderausweise nötig. Visumsformulare als Download erhältlich bei *emb-cambodia.active-city.net* für derzeit 35 Euro/40 US$. E-Visa (*www.evisa.gov.kh* – das ist die deutsche Weiterleitung von der offiziellen *www.mfaic.gov.kh*) können online max. zwei Wochen vor Reiseantritt beantragt werden, es dauert 3–5 Tage, sie gelten für max. 30 Tage Aufenthalt, einmalige Einreise und nicht an allen Landesgrenzübergängen. Kambodschas Regierung warnt vor unautorisierten Webseiten, die E-Visa anbieten, z. B. *www.cambodiaevisa.com*. Der Visa-Vorgang an der Grenze ist unkompliziert, normalerweise innerhalb von Minuten erledigt. An sehr frequentierten Einreiseorten wie dem Airport in Siem Reap kann es alllerdings auch länger dauern, und Einreisende mit bereits zu Hause ausgestelltem Visum sind eindeutig im Vorteil.

FOTOGRAFIEREN

Batterien bzw. Speicherkarten sollten mitgenommen werden. Zurückhaltung ist bei Militäreinrichtungen und Soldaten angebracht. Es ist höflich, um Erlaubnis zu bitten, besonders bei Mönchen, Bergstämmen und religiösen Zeremonien – eine Ablehnung mit Kopfschütteln oder anderer Geste sollte respektiert werden.

WÄHRUNGSRECHNER

€	KHR	KHR	€
1	4497	10000	2,19
2	8993	20000	4,38
5	22483	25000	5,48
7	31477	60000	13,15
10	44966	80000	17,53
25	112416	100000	21,91
50	224833	350000	76,70
75	337249	500000	109,57
150	674498	850000	186,26

GESUNDHEIT

Frühzeitig bei den Tropeninstituten beraten lassen! Empfehlenswert sind (Auffrisch-)Impfungen gegen Polio, Tetanus, Diphtherie, Typhus sowie Hepatitis A (ggf. B) und Tollwut. Kambodscha gilt bis auf Phnom Penh als Malaria- und Denguegebiet (Dengue auch in Phnom Penh). Da die Malaria-Vorsorge-Tabletten wegen Resistenzen jedoch immer weniger wirken, sollte man mit Mückenschutz vorsorgen: langärmelige, helle Kleidung, Schutzlotion, Rauchspiralen, Moskitonetz sowie ein Notfallmedikament (am besten Malarone). Beim Essen beachten: kein Speiseeis, ungeschältes Obst, Salate und rohes Gemüse sowie (nicht abgekochtes) Leitungswasser, Eiswürfel nur in zylindrischer Form (industriell hergestellt). Die medizinische Ausstattung der Apotheken und Krankenhäuser ist schlecht (außer in internationalen SOS-Kliniken in Phnom Penh und Siem Reap).

WAS KOSTET WIE VIEL?

Nudelsuppe	**ca. 0,50–1 Euro** *für eine Portion*
Angkor-Bier	**ca. 1 Euro** *für eine Flasche*
Massage	**6–18 Euro** *für eine Stunde*
Schal	**0,70–1 Euro** *für einen krama-Schal*
Cyclo	**ca. 2–5 Euro** *für 1–2 Stunden in Phnom Penh*
Busticket	**ca. 11,50 Euro** *von Phnom Penh nach Sihanoukville (5,5 Std.)*

Eine gut ausgestattete Reiseapotheke ist wichtig (mit sterilen Einwegspritzen). Im Fall einer ernsthaften Erkrankung sollte man schnellstmöglich nach Bangkok oder Singapur fliegen. Unbedingt eine Auslandskrankenversicherung mit Rücktransportoption abschließen. Info: *www.dtg.org, www.fitfortravel.de*

INTERNETZUGANG & WLAN

Internetzugang gibt es in der Hauptstadt und den Touristenzentren flächendeckend und fast überall kostenlos (Hotels, Gästehäuser, Cafés, Einkaufszentren, Flughäfen, selbst an Stränden und teils sogar INSIDER TIPP in den (Schlaf-)Bussen selbst (z. B. beim *Mekong Express* und *Giant Ibis*), aber sehr langsam, eine Prepaidkarte ist empfehlenswert); in Internetcafés kostet eine Stunde weniger als 1 US$, ebenso möglich ist Skype.

KLEIDUNG

Angebrachte Kleidung sind leichte Baumwoll- und Leinenstoffe, knielange Hosen oder Röcke für Tempelbesuche, ein Pullover, Socken für die Berge, Regencape, Sonnenhut, Sportschuhe oder Trekkingsandalen, für Frauen: ein Sarong oder Shorts zum „züchtigen" Baden in Flüssen und Wasserfällen, oft in Gesellschaft der (konservativen) Einheimischen.

KLIMA & REISEZEIT

Tropisches Monsunklima mit Regenzeit herrscht von April/Mai bis Okt. mit kurzen, heftigen Regengüssen. Beste Reisezeit ist die kühlere Trockenzeit vom Nov./Dez. bis Feb./März mit Temperaturen um 28 Grad, in den Bergen (Mondulkiri) kann es bis auf wenige Grad über Null abkühlen. Heißester Monat ist der April mit bis zu 38 Grad, regenreichster der Oktober.

ÖFFENTLICHE VERKEHRSMITTEL

BUSSE

Reisebusse und Minibusse (letztere wenig empfehlenswert, weil meist vollgequetscht mit Passagieren) starten ab Phnom Penh täglich in alle Richtungen und bis über die Grenzen – am besten sind die Busse mit Wifi und Schlafliegesitzen von *Giant Ibis (www.giantibis.com)*, empfehlenswert ist auch *Kim Seng* nach Mondulkiri *(ca. 5 Std. | Facebook: kimsengex press)*. Tickets sind in den Gästehäusern erhältlich und in Büros an der Riverside-Promenade in Phnom Penh, z. B. nahe Street 104. Von den Nachtbussen Siem Reap–Sihanoukville ist abzuraten (10–11 Stunden Fahrt, hohe Unfallquote). Absolut zu empfehlen sind die INSIDER TIPP *Cambodia Post VIP Vans (keine Abholung, aber auch mit Wlan | ca. 16 000–48 000 Riel (3,50–10 Euro) pro Strecke | cambodia post.post)* von der kambodschanischen Post: Die Fahrten gelten als sicher, zuverlässig, komfortabel, pünktlich und trotz allem sehr günstig. Die 12-Sitzer fahren ab dem *Zentralen Postamt* in Phnom Penh in alle Provinzen wie Kratie, Battambang, Sihanoukville, z. B. zweimal täglich nach Siem Reap für 32 000 Riel (ca. 7 Euro).

EISENBAHN

Seit 2018 fährt die Königliche Staatseisenbahn wieder regulär durch Kambodscha. Nachdem 2015 die Strecke nach Battambang noch mit Bummelzügen (s. S. 112) und 2016 nach Sihanoukville eröffnet wurden, verkehren nun auch vergleichsweise moderne Züge mit Toiletten, Klimaanlage, Wlan und Elektroanschlüssen (220 V). Es gibt zwei Strecken: von Phnom Penh nach Poi Pet an die thailändische Grenze (über Battambang) und von Phnom Penh nach Sihanoukville (über Phnom Penh Airport, Takeo, Kampot). *8 US$ | Reservierungs-Hotline: Tel. 078 88 85 82/-3 | royal-railway.com*

FLUGZEUG

Flüge werden zwischen Phnom Penh und Siem Reap sowie zwischen Sihanoukville und Siem Reap angeboten, als empfehlenswert gilt *Cambodia Angkor Air (www.cambodiaangkorair.com)* eine Tochter der Vietnam Airlines. Weitere Flughafen-Infos: *corp.cambodia-airports.aero*. Für Überlandstrecken und in die Nachbarländer sind Flüge am bequemsten, schnellsten und sichersten (v. a. mit ausländischen Airlines).

MIETWAGEN

Mietwagen gibt es für ca. 40–50 US$/Tag in den Städten, außerhalb ab ca. 70–80 US$/Tag, je nach Ziel und Straßenzustand. Seit 2014 bietet *Avis Cambodia (www.avis.com.kh)* Autos ab ca. 140 US$ pro Tag. Wegen der Straßenzustände und der chaotischen, bisweilen für Europäer nicht nachvollziehbaren Fahrweise der Khmer (v. a. der Laster- und SUV-Fahrer) ist für Touristen ein Fahrer unbedingt empfehlenswert: Vorfahrt und Recht haben immer die größeren Fahrzeuge! Mietwagen mit Fahrer z. B. für eine Angkor-Tour kosten ca. 30, für eine Tour in Phnom Penh ca. 40–50 US$. Für die Überlandstrecke in der Provinz zahlen Sie ca. 70–80 US$ – je nach Länge der Tour, Ziel und Straßenzustand.

Einige Selbstfahrer-Regeln: Internationaler Führerschein notwendig! Kambodscha gehört statistisch zu den führenden Ländern bei tödlichen Verkehrsunfällen mit extrem hoher Rate gemessen an der geringen Bevölkerungszahl. Die Straßen sind teils mit Schlaglöchern übersät, teils die reinsten Highways, dementsprechend wird gerast – immer defensiv fahren, es gilt das Recht des Stärkeren (Laster, Busse, Lexus-Wagen). Verkehrsregeln werden von Kambodschanern oft nicht beachtet (Ampeln werden bei Rot überfahren, es gibt kein Rechts-vor-Links, kaum Straßenbeschilderung vorhanden ect.), nachts sollte man auf keinen Fall fahren (viele Unfälle, oft nachts unbeleuchtete Fahrzeuge etc.). Mopedfahren ist Touristen in Siem Reap und Sihanoukville nicht erlaubt, viele machen es trotzdem: Unbedingt einen eigenen Helm mitbringen bzw. kaufen (ca. 15 US$)! Für Notfälle benötigt man eine SIM-Karte eines kambodschanischen Netzbetreibers (kein Wlan in ländlichen Gegenden!). Wichtig bei Unfällen: Es gibt keinen Versicherungsschutz (Haftpflicht, u. U. sogar Auslandskrankenversicherung) bei Fahren ohne die im Land gültige Fahrerlaubnis! Bis ein Rettungswagen den Unfallort erreicht, kann es lange dauern, selbst in Städten.

FÄHREN UND SCHNELLBOOTE

Auf dem Mekong verkehren nur noch die raketenschnellen, laut dröhnenden und teils gefährlichen Schnellboote. Außerdem fahren Expressboote außerhalb der Trockenzeit (etwa Mitte März–Okt.) von Phnom Penh über den Tonle-Sap-See nach Siem Reap *(5–7 Std., wenig empfehlenswert)*. Landschaftlich lohnender ist die Bootsstrecke von Siem Reap nach Battambang. Auf der sehr schönen Strecke ab Phnom Penh über die Grenze nach Vietnam *(Chau Doc)* fahren mehrmals täglich Boote durch das Mekongdelta *(ca. 15 Euro)*. Teurer ist die *Victoria Sprite* des Victoria-Hotels nach Chau Doc *(victoriahotels.asia | vorher Visum für Vietnam besorgen!)*.

TAXI, MOFATAXI, TUKTUK, CYCLO

Taxis fahren in Phnom Penh und Siem Reap (meist ohne Taxameter, Fahrpreis an der Rezeption erfragen oder aushandeln). In Phnom Penhs Verkehrschaos sollte man kein Mofataxi nehmen (oder nur mit Helm, Helmpflicht!), sondern das sichere Tuktuk oder das Cyclo-Dreiradgefährt (Fahrpreis jeweils vorher aushandeln, meist 1,5–2 US$ pro Strecke). Ein Leihrad kostet nicht mal 1 Euro pro Tag, ein Moped ab 4 Euro (offiziell in Siem Reap verboten).

SICHERHEIT

Die politische Situation ist relativ stabil. Demonstrationen und politische Veranstaltungen meiden. Mittlerweile gelten

WETTER IN SIEM REAP

	Jan.	Feb.	März	April	Mai	Juni	Juli	Aug.	Sept.	Okt.	Nov.	Dez.
Tagestemperaturen in °C	31	32	34	35	35	33	32	32	31	30	30	30
Nachttemperaturen in °C	20	21	24	25	25	25	25	25	25	24	22	21
Sonnenschein Stunden/Tag	9	9	9	8	7	6	6	6	5	7	8	9
Niederschlag Tage/Monat	1	2	4	7	16	18	19	19	19	17	9	3

 Sonnenschein Stunden/Tag Niederschlag Tage/Monat

die Landstraßen und der Mekong als sicher. In Phnom Penh und Sihanoukville kommt es verstärkt zu Taschendiebstählen und Raubüberfällen an einsamen Stränden. Im Cyclo, Tuktuk und auf Mofataxis, auf Märkten und Festivals in Phnom Penh die Tasche vor dem Bauch festhalten. In den abgelegenen Regionen rund um Battambang und Pailin, Tempeln wie Preah Vihear, Phnom Kulen und Koh Ker sowie in den Nationalparks sollte man keinesfalls die markierten Wegen verlassen (Minengefahr!). Am riskantesten sind Motorradfahrten (nie ohne Helm!), die Zahl der Verkehrstoten in Kambodscha ist hoch. Betrugsversuche kambodschanischer Beamter werden insbesondere von den Grenzübergängen von/nach Thailand (*Poipet/Aranyaprathet* und *Koh Kong* an der Küste) gemeldet. Am besten: entweder fliegen oder zuvor online ein E-Visum beantragen.
Weitere Infos: Auswärtiges Amt | Tel. 030 18 17 20 00 | www.auswaertiges-amt.de

STROM

220 Volt, ein Adapter ist manchmal noch notwendig, wegen Stromausfällen ist eine Taschenlampe empfehlenswert.

TELEFON & HANDY

Internationale Vorwahl nach Kambodscha: 00855; Vorwahl aus Kambodscha nach Deutschland: 001-49; nach Österreich: 001-43; in die Schweiz: 001-41.

AUS KAMBODSCHA

Am einfachsten ist internationales Telefonieren in Hotels *(2–4 Euro/Min.)* und Postämtern *(ca. 1,50 Euro/Min.)*. Am günstigsten telefonieren Sie mit dem eigenen Handy mittels einer kambodschanischen Prepaidcard – für ab 3–5 US$ (ab ca. 0,03 Euro/Min. nach Deutschland), z. B. mit der *Smart Traveller SIMcard (www.smart.com.kh)* oder etwas teurer mit *Metfone (www.metfone.com.kh)*. Vollkommen gratis geht´s über Whatsapp.

TRINKGELD

Trinkgelder sind bei Reiseleitern, Fahrern, Kellnern und Zimmerpersonal üblich (angemessen ist etwa ein halber US-Dollar bzw. 2.000 kambodschansche Riel oder etwas mehr). Behinderten Bettlern (oft Minenopfer) kann man Geld geben, Kindern besser nicht, da sie sonst nicht zur Schule gehen und es sich oft um organisierte Bettelei handelt. Nach Tempelzeremonien ist eine kleine Spende in dafür vorgesehene Behälter selbstverständlich (für alles gilt: ca. 1000 Riel/ca. 0,21 Euro – bedenken Sie, dass die Monatslöhne bei ca. 90 Euro liegen).

ZEIT

Der Zeitunterschied beträgt im Winter plus sechs Stunden, während der europäischen Sommerzeit plus fünf Stunden.

ZOLL

Devisenein- und -ausfuhren ab 10 000 US$ müssen deklariert werden. Keine weitere Beschränkungen, zollfrei sind i. d. R. bei der Einreise bis zu 1,5 l Spirituosen und 10 Päckchen Zigaretten. Bei der Ausfuhr verboten sind Antiquitäten (nur mit Ausfuhrgenehmigung des Fine Arts Department in Phnom Penh, über den Händler) und Kulturgüter wie Sandsteinreliefs. Bei der Einreise in die EU sind z. B. frei: 200 Zigaretten oder 250 g Tabak, 1 l Spirituosen über 22 Prozent (Schweiz: 15 Prozent), Kaffee, Tee, Parfüm sowie Geschenkartikel bis zu einem Warenwert von 430 Euro. *www.zoll.de*

SPRACHFÜHRER KHMER

AUSSPRACHE

Zur Erleichterung der Aussprache sind alle Khmer-Wörter mit einer einfachen Aussprache (in eckigen Klammern) versehen.

AUF EINEN BLICK

ja/nein (männl. Sprecher)	បាទ [bat]/ទេ [dee]
ja/nein (weibl. Sprecher)	ចាំ [djah]/ទេ [dee]
vielleicht	ប្រហែល [prahel]
bitte/danke	សូមអញ្ជើញ [som anh choeunh]/អរគុណ [orkun]
Entschuldige!	សុំអភ័យទោស [som a phey tos]
Entschuldigen Sie!	សុំអភ័យទោសលោក [som a phey tos lok]
Darf ich ...?	អនុញ្ញាតអោយខ្ញុំ ...? [a nu nhat ory khgnom ...]
Wie bitte?	និយាយថាមេច? [ni yeay tha mech?]
Ich möchte .../Haben Sie ...?	ខ្ញុំចង់ ... [khgnom chang]/តើលោកមាន ...? [tai lok mean ...]
Wie viel kostet ...?	តើថ្លៃប៉ុន្មាន ...? [tai thlei pon man ...]
Das gefällt mir (nicht).	វាពេញចិត្តខ្ញុំ [vea penh chet khgnom]/វា(មិន) ពេញចិត្តខ្ញុំ [vea (min) penh chet khnhiom te]
gut/schlecht	ល្អ [laor]/អាក្រក់ [a kraak]
kaputt/funktioniert nicht	ខូច [koch]/មិនដំណើរការ [min dom nei kar]
zu viel/viel/wenig	ច្រើនណាស់ [chrein nas]/ច្រើន [chrein]/តិច [tech]
alles/nichts	ទាំងអស់ [taing aas]/គ្មានទេ [khmean te]
Hilfe!/Achtung!/Vorsicht!	ជួយ! [chuoy]/យកចិត្តទុកដាក់! [yok chet tok dak]/ ប្រុងប្រយ័ត្ន! [prong pro yat]
Gefahr/gefährlich	ហានិភ័យ [ha niphey]/ មានគ្រោះថ្នាក់ [mean krous thak]
Krankenwagen/Notarzt	រថយន្តសង្គ្រោះបន្ទាន់ [rot yon sang krous bon tonn]/ គ្រូពេទ្យសង្គ្រោះបន្ទាន់ [krou pet sang krous bon tonn]
Polizei/Feuerwehr	នគរបាល [no kor bal]/ អ្នកពន្លត់អគ្គីភ័យ [neak pon loth aki phey]

BEGRÜSSUNG & ABSCHIED

Gute(n) Morgen!/Tag!/ Abend!/Nacht!	អរុណសួស្តី [arun sou sdey]/ទិវាសួស្តី [tivea sou sdey]/ សយ័ណ្ហសួស្តី [sayon sou sdeu]/រាត្រីសួស្តី [reatrey sou sdey]!

លោកចេះនិយាយភាសាខ្មែររឺទេ?

„Sprichst du Khmer?“ Dieser Sprachführer hilft Ihnen, die wichtigsten Wörter und Sätze auf Khmer zu sagen

Hallo!/Auf Wiedersehen!	ជំរាបសួរ! [chum reap sour]/ជំរាបលា! [chum reap lea]
Tschüss!	លាសិនហើយ! [lea sin heuy]
Ich heiße ...	ខ្ញុំឈ្មោះ ... [khniom chhmous ...]/ឈ្មោះរបស់ខ្ញុំគឺ ... [chhmous robos khgnom koeu ...]
Wie heißt Du?	ឈ្មោះអ្នកដូចម្តេច? [chhmous neak doch madech]
Ich komme aus ...	ខ្ញុំមកពី ... [khgnom mok pi ...]

DATUMS- & ZEITANGABEN

Montag/Dienstag	ថ្ងៃច័ន្ទ [thngei chan]/ថ្ងៃអង្គារ [thngei angkea]
Mittwoch/Donnerstag	ថ្ងៃពុធ [thngei put]/ថ្ងៃព្រហស្បតិ៍ [thngei prohos]
Freitag/Samstag	ថ្ងៃសុក្រ [thngei sok]/ថ្ងៃសៅរ៍ [thngei sao]
Sonntag/Werktag	ថ្ងៃអាទិត្យ [thngei atit]/ថ្ងៃធ្វើការ [thngei thvoeur kar]
Feiertag	ថ្ងៃឈប់សម្រាក [thngay chhub somrak]
heute/morgen/gestern	ថ្ងៃនេះ [thngay nis]/ថ្ងៃស្អែក [thngay saek]/ ម្សិលមិញ [msel menh]
Stunde/Minute	ម៉ោង [mong]/នាទី [nea ti]
Tag/Nacht/Woche	ថ្ងៃ [thngay]/យប់ [yub]/សប្តាហ៍ [sabda]
Monat/Jahr	ខែ [khe]/ឆ្នាំ [chhnam]
Wie viel Uhr ist es?	តើម៉ោងប៉ុន្មានហើយ? [tai mong ponh maan hoeuy]
Es ist drei Uhr.	ម៉ោងបីរសៀលហើយ [mong bei rosiel hoeuy]
Es ist halb vier.	ម៉ោងបីកន្លះហើយ [mong bei kanlas heoeuy]
Viertel vor vier	ម៉ោងបីសែសិបប្រាំនាទីហើយ [mong bei seseb pram nea ti hoeuy]
Viertel nach vier	ម៉ោងបួនដប់ប្រាំនាទីហើយ [mong buon doub pram nea ti hoeuy]

UNTERWEGS

offen/geschlossen	បើក [boeuk]/បិទ [bet]
Abfahrt/Abflug	ការចេញដំណើរ [kar chenh dam noeur]/ ការហោះចេញ [kar haos chenh]
Ankunft	ការមកដល់ [kar mok dol]
Toiletten/Damen/Herren	បង្គន់/ស្ត្រី/បុរស [bang kun/sa trey/bo roas]
(kein) Trinkwasser	(គ្មាន) ទឹកពិសា [(kmearn) tuek pisa, toeuk phek]
Wo ist ...?	ទៅឯណា ...? [toev nov e na]
links/rechts	ឆ្វេង/ស្តាំ [chhveng/sdam]
geradeaus/zurück	ទៅត្រង់/ត្រឡប់វិញ [toev trang/tro lap vinh]
Bus/Taxi	ឡានក្រុង/តាក់ស៊ី [lan krong/taxi]
Flughafen	ព្រះលានយន្តហោះ [pro lean yon hos]
Fahrplan/Fahrschein	ពេលវេលាចេញដំណើរ/សំបុត្រឡាន [pel ve lear chenh dam noeur/sam bot lan]

einfach/hin und zurück	ទៅម្តង/ទៅ មក [toev mo dang/toev mork]
Ich möchte ... mieten.	ខ្ញុំចង់ជួល ...[khgnom chang chuol....]
ein Auto/ein Fahrrad	ឡានមួយ/កង់មួយ [lan muoy/kang muoy]

ESSEN & TRINKEN

Reservieren Sie uns bitte für heute Abend einen Tisch für vier Personen.	សូមលោកកក់តុមួយសម្រាប់គ្នា៤នាក់អោយយើង នៅពេលល្ងាចនេះបានទេ? [som lok kaak took muoy som rap khnear buon neak oy yoeung nov pel lo ngeach nis ban te]
auf der Terrasse	នៅលើរានហាល [nov leu rean hal]
am Fenster	នៅមាត់បង្អួច [nov mort bang uoch]
Die Speisekarte, bitte.	សុំតារាងមុខម្ហូបបានទេ [som ta rang muk ma hob ban te]
Könnte ich bitte ... haben?	អាចអោយខ្ញុំ ... បានទេ? [ach oy khgnom .... ban te]
Flasche/Glas	ដប/កែវ [daob/keov]
kalt/versalzen	ត្រជាក់/ប្រៃណាស់ [tror cheak/pray nas]
Vegetarier(in)/Allergie	អ្នកហូបបួស/ប្រតិកម្ម [neuk hob buos/pra ti kam]
Rechnung/Quittung	វិក័យប័ត្រ [vi kay bat]

EINKAUFEN

Wo finde ich ...?	តើខ្ញុំអាចរករបស់នេះ ... នៅឯណា? [tai khgnom ach rork roboas nis ... nov ena]
Apotheke/Drogerie	ឱសថស្ថាន/ហាងលក់ថ្នាំពេទ្យ [or sot than/hang luok thnam pet]
Bäckerei/Markt	ហាងលក់នំបុំង/ផ្សារ [hang luok num paing/phsar]
Lebensmittelgeschäft	ហាងលក់គ្រឿងឧបភោគ បរិភោគ [hang luok kroeung o pa phok bo ri phok]
Fotoartikel/ Zeitungsladen	ហាងលក់ម៉ាស៊ីនថតរូប/តូបលក់កាសែត [hang luok masin thot roub/tob luok kaset]
teuer/billig/Preis	ថ្លៃ/ថោក/តម្លៃ [thlay/thork/dam lay]
mehr/weniger	ច្រើន/តិច [chroeun/tech]

ÜBERNACHTUNG

Ich habe ein Zimmer reserviert.	ខ្ញុំបានកក់បន្ទប់មួយរួចហើយ [khgnom ban kaak ban tub muoy ruch heuy]
Haben Sie noch ein ...?	តើលោកនូមានអ្វីមួយ ...? [tai lok nov mean a vey muoy ...]
Einzelzimmer	បន្ទប់សម្រាប់ម្នាក់ [ban tub sam rap muoy naek]
Doppelzimmer	បន្ទប់សម្រាប់ពីរនាក់ [ban tub sam rap pi neak]
zum Meer/zum See	ទៅលេងសមុទ្រ/ទៅលេងបឹង [toeuv leng samott/toeuv leng boeung]
Dusche/Bad	ងូតទឹក/មុជទឹក [ngout toeuk/much toeuk]

Balkon/Terrasse	រានហាល/យ៉ខាងមុខ [rean hal/yor khang mok]
Schlüssel/Zimmerkarte	កូលសោរ/កាត(សោរ)ចាក់បន្ទប់ [kon sor/kat chach ban tup]
Gepäck/Koffer/Tasche	ឥវ៉ាន់/វ៉ាលី/កាបូប [ey vann/va ly/kabob]

BANKEN & GELD

Bank/Geldautomat	កធនាគារ/ទូប្រាក់ស្វ័យប្រវត្ត [thor nea kear/tou prak svay pra wat]
Geheimzahl	លេខកូដសម្ងាត់ [lek code sam gnatt]
Ich möchte ... Euro wechseln.	ខ្ញុំចង់ដូរលុយអឺរ៉ូ។ [khgnom chang do suy ero]
bar/EC-Karte/Kreditkarte	ក្រដាសប្រាក់/កាតអេឡិចត្រូនិច/កាតឥណទាន [kra das prak/kat electronic/kat eanna tean]
Banknote/Münze	ក្រដាសប្រាក់/លុយកាក់ [kra dass prak/luy kak]
Wechselgeld	ដូរលុយ (ប្រាក់) [do luy (prak)]

GESUNDHEIT & TECHNIK

Arzt/Zahnarzt/Kinderarzt	វេជ្ជបណ្ឌិត/ពេទ្យធ្មេញ/ពេទ្យកុមារ [vecheak ban deth/pet thmenh/pet komar]
Krankenhaus/ Notfallpraxis	មន្ទីរពេទ្យ/គ្លីនិកសង្គ្រោះបន្ទាន់ [monty pet/klinik sang krous banh torn]
Fieber/Schmerzen	គ្រុនក្តៅ/ឈឺចាប់ [krun kdav/chhoeu chap]
Durchfall/Übelkeit	រាគអាចម៍/ចង់ក្អួត [reak ach/chang khout]
Schmerzmittel/Tablette	ថ្នាំបំបាត់ការឈឺចាប់/គ្រាប់ថ្នាំ [thnam bom bath chhoeu chap/thnam krorb]
Ich suche eine Prepaid-Karte für mein Handy.	ខ្ញុំត្រូវការកាតទូរស័ព្ទមួយសំរាប់ទូរស័ព្ទរបស់ខ្ញុំ។ [khgnom trov kar kat tou ra sap mouy sam rap tou ra sap ro bous khgnom]
Wo finde ich einen Internetzugang?	តើខ្ញុំអាចរកកន្លែងតភ្ជាប់អ៊ីនធឺណិតនៅទីណា? [teu khgnom ach rork kan leng to pichab internet nov tina]
Adapter	ដុំបំប្លែង(អាដាប់ធ័រ) [dom bam pleng]

ZAHLEN

0	សូន្យ [soon]	10	លេខដប់ [lek doub]
1	មួយ [mui]	20	លេខម្ភៃ [lek muoy pey]
2	ពី [bi]	50	មលេខហាសិប [lek ha seb]
3	បី [bey]	100	លេខមួយរយ [lek muoy roy]
4	បួន [bun]	200	លេខពីររយ [lek pi roy]
5	ប្រាំ [bram]	1000	លេខមួយពាន់ [lek muoy pean]
6	ប្រាំមួយ [bram mui]	2000	លេខពីរពាន់ [lek pi pean]
7	ប្រាំពី [bram bi]	10000	លេខមួយម៉ឺន [lek muoy moeun]
8	ប្រាំបី [bram bey]	1/2	មួយលើពីរ [muoy loeu pi]
9	ប្រាំបួន [bram bun]	1/4	មួយលើបួន [muoy loeu buon]

REISEATLAS

Verlauf der Erlebnistour „Perfekt im Überblick“
Verlauf der Erlebnistouren

Der Gesamtverlauf aller Touren ist auch in der herausnehmbaren Faltkarte eingetragen

Bild: Händlerinnen auf dem Tonle-Sap-See

Unterwegs in Kambodscha

Die Seiteneinteilung für den Reiseatlas finden Sie auf dem hinteren Umschlag dieses Reiseführers

A
B
C
1
2
3
4
5
6
M U A N G T
Nong Sai
Khok Yang
Salaeng Thon
Kanang
Lomduan
Chok Chai
Nong Ki
Ban Nong Rang
Nang Rong
Prakhon Chai
Prasat
Yang
Khak Thom
Prasat Phanom Rung (Khmer Ruins)
Wa
Pak Charang
Khon Buri
Nong Sano
Khok Muang
Non Charoen
Sap Malua
Soeng Sari
Lahan Sai
Ban Kruat
Ampin
hao Po
Som Poi
Bara Nae
Phanom
Chuŏr
Thap Lan N. P.
Tha Phraya Nat. Park
Oddar
Phumĭ Ampĭl
Phumĭ Phâăng
Phumĭ Sâmraông
Méanchey
Pang Sida N. P.
Khok Phek
Prasat Bântéay Chhmar
Phumĭ Thmâ Pôk
Phumĭ Ta Pa
Phumĭ Chŏng Kai
Ban Ta Paet
Sa Kaeo
Bântéay
Svay Chék
Phumĭ Srăh Chhuk
Phumĭ Moŭng
Watthana Nakhon
Aranyaprathet
Poipet
Méanchey
Phumĭ Môkak
Nong Pru
Wang Nam Yen
Sisŏphŏn
Phumĭ Rôhăl
Mongkol Borei
Phumĭ Phnŭm Liĕp
Phumĭ Thkov
Angkor Thom
Phumĭ o Snguŏt
Phumĭ Thmei
Phumĭ Thaŏt
Phumĭ Thréay
Băk Préa
Phumĭ Koŭk Kduŏch
Prek Toal
Chong
Khao Soi Dao Range Wildlife Pres.
Rakom
Phumĭ Kdŏl Kraôm
Phumĭ Snæng
BĂTDÂMBÂNG
Bătdâmbâng
am Khun
1633
Pong Nam Ron
Khao Khitchakut National Park
Pailĭn
Trêng
Reăng Kései
Phumĭ Phnum Thipdei
Moŭng Roessei
Pailĭn
Makham
Chanthaburi
Phumĭ Sâmraông
Svay Don Ke
Bo Rai
Phumĭ Chhuk
Namtok Phlio Nat. Park
Phumĭ Tæk Sŏk
Phumĭ Prâsal
Namtok Klong Kaew N.P.
Khlung
Phumĭ Srê Peăng Stæng Péam
1551
Tuŏl Kruŏs
Trat
Phumĭ Prâmôy
Poŭthisăt
Laem Ngob
1618
1717
Chuŏr Phnum Krâvanh
Ko Chang
Ban Chamrung
1213
Ban Ao Kongkang
Ao Kong-kang
Ao Trat
Laem Sok
Phumĭ Stoeng Thom
Phumĭ Thnăm
Mu Ko Chang Nat. Park
Mai Rut
Ko Mak
Ko Rang
Ko Kut
Châmnar
Ban Hat Lek
Phumĭ Samraong
50 km
31.1 mi
Krŏng Kaôh Kŏng
Phumĭ Thnál Krâbei
Phumĭ Chŏâm Sla
Kaôh Kŏng
140
224
24
218
214
348
33
69
68
6
5
57
317
209
3
318
1
2
11

D
E
F
1
2
3
4
5
6
Pa-ang
Samrong Phlan
Khukhan
Pru Yai
Khun Han
Chan Yai
Chamnan
Kantharalak
Khanun
Don Bak
Kut Salao
Pho Sai
Buntharig
Ban Phon Duan
Ban Phôngpho
Ban Thasan
Ban Kadian
Nam Yun
Na Chaluai
Phumsaron
Khao Phra Wihan Nat. Park
Phu Chong Na Yoi N. P.
Ban Khae Don
Prasat Preăh Vihéar
D o n g R a k
P h n u m D â n g r e k
Champasak
Băk Ânlóng
Ânlóng Vêng
Phumĭ Kântuŏt Sâmraŏng
Choăm Khsant
Muang Không
Phumĭ Kâmpóng Srálaun
Phumĭ Rômŭnh
Preăh Vihéar
Phumĭ Skov
Trâpeăng Pring
Phumĭ Srê Noy
Kulén
Koh Ker
Preăh-Vihéar
Stung
Tbaeng Mean Chey
Phumĭ Mlu Prey
Chhêp Kândal
Phumĭ Khna Krau Phnŭm
Phnum Kulen Nat. P.
Phumĭ Môréal
Phumĭ Sdau
Phumĭ Kâmpóng Pŭtréa Chăs
Beng Mealea
Prasat Preăh Khăn
Phumĭ Kâmbaô Âr
Prasat Kasaouit
Ta Seng
Phumĭ Pring
Rovieng Cheung
Spóng
Trêng
Phumĭ Bŏs
Kampong Kdey
Speam Prap Tos
Phumĭ O Poŭ
Phumĭ Kâmpóng Trâbék
Phumĭ Anlŭng Pring
Phumĭ Lôveay
Phumĭ Sala Vichey
Klaeng
Stoŭng
Phumĭ Bat Dai
Sambor Prei Kuk
Kâmpông Thom
Phumĭ Kruŏs
Trapeang Veng
Tăng Krâsăng
Phumĭ Dâng Kda
Sab
Poŭthisăt
Krâkôr
Phumĭ Pônley
Phumĭ Thlŏk
Phumĭ Khley
Phumĭ Baray
Phnom Santuk
Phumĭ Spoe Tbong
Kâmpông
Phumĭ Phsar
Phumĭ Stæng Kâmbŏt
Kroch Chhmar
Bâmnák
Phumĭ Dêk Dŏl
Phumĭ Pèng Méas
Phumĭ Ta Ong
Kâmpông Chhnăng
Prey Khmer
Phumĭ Prâkham
Phumĭ Bŏs Khnŏr
Chhnăng
Kâmpông Cham
Phumĭ Miĕn
Phumĭ Kaôh Trêng
Tbong
Phnum Aoral
Phumĭ Phsa Rôméas
Tuŏl Khopós
Skun
Prey Tôtoeng
Kâmpóng Cham
Monastery
Phumĭ Damnak
Khŭm Krâng Lvéa
Phumĭ Tuŏl Chân
Phumĭ Chŭb
Phumĭ Suŏng
Phumĭ Trâpeăng Khlông
Phumĭ Chihê
Khmum
Phumĭ Turi
Phumĭ Prêk Chik
Phumĭ Prek Sândêk
Prey
Dâm bâng
Odŏngk
Kândal
Phumĭ Sângkê Satôp
Bat Doeng
Snay Pul
Phumĭ Chhăeng
PHNUM PÉNH
Tasal
Phumĭ Prêk Chruk
Prey Vêng
Phumĭ Prey Tôtœng
Spoe
Phumĭ Krâng Tava
Phumĭ Mébôn
Phumĭ Chrey
Phumĭ Kbat Khyet
137
141

A
B
C
1
2
3
4
5
6
Don Bak
Non Liang
Vat Phou Temple
Ban Nongsim
Chan Yai
Chamnan
Kut Salao
Buntharig
Pho Sai
Ban Nalei
Kantharalak
Ban Phon Duan
Ban Phôngpho
Khanun
MUANG THAI
239
Ban Hangdon
Phumsaron
Nam Yun
Na Chaluai
Ban Thasang
Khao Phra Wihan Nat. Park
Phu Chong Na Yoi N. P.
Ban Kadian
Prasat Preăh Vihéar
Ban Khae Don
Champasak
Phumĭ Kântuŏt Sâmraŏng
Choăm Khsant
Muang Không
Habraykhoun
Siĕmpa
Khone Phapheng Waterfall
Phumĭ Rômŭnh
Phumĭ Kâmpóng Srâlaun
Preăh Vihéar
Ban Xot
Tônle Kông
Trâpeăng Pring
Preăh-
Kulén
Tbaeng Mean Chey
Phumĭ Mlu Prey
Chhêp Kândal
Stung Trê
Phumĭ Sâm Ang
Vihéar
Phumĭ Kâmpóng Pŭtréa Chăs
Phumĭ Thalabârĭvăt
Phumĭ Sdau
Stung Trêng
Prasat Preăh Khăn
Ta Seng
Phumĭ Pring
Spóng
Phumĭ Sre Krasăng
Prasat Kasaouit
Rovieng Cheung
62
Phumĭ O Poŭ
Phumĭ Prêk Preăh
Tos
Phumĭ Kâmpóng Trâbék
157
Phumĭ Lôvéay
Phumĭ Sala Vichey
Klaeng
Phumĭ Srê Svay
Stoŭng
Mekong
Sambor Prei Kuk
687
Srê Shov
Kâmpông Thom
Khlĕk Kh
Sâmbor
Kâmpông Thom
Ruins
286
Phumĭ Kruŏs
Sândăn
Trapeang Veng
Irrawady Delphine
Tăng Krâsăng
Phumĭ Dâng Kda
Phnom Sâmbôk
Kratie
Phumĭ Thlŏk
Phumĭ Khley
Phumĭ Kâ
Phumĭ Baray
Phnom Santuk
Phumĭ Spoe Tbong
Kâmpong
Phumĭ Stæng Kâmbot
Kroch Chhmar
Krâcheh
Phumĭ Pèng Méas
Kâmpông Chhnăng
Phumĭ Ta Ong
Phumĭ Bŏs Khnŏr
Phumĭ Thmei
Chhlong
Prey Khmer
Phumĭ Prâkham
Chhnăng Kâmpông Cham
Phumĭ Mién
Phumĭ Kaôh Trêng
Tbong Khmum
Snu
135
Skun
Prey Tótoeng
Kâmpông Cham
Khŭm Krăng Lvéa
Phumĭ Damnak
Monastery
Phumĭ Suŏng
Phumĭ Tuŏl Chăn
Phumĭ Chŭb
Phumĭ Chihê
Phumĭ Khna
Mémót
Odongk
Phumĭ Turi
Phumĭ Prêk Chik
Prey Dâm bâng
Phumĭ Prêk Sândék
Phumĭ Krêk
Kândal
Bat Doeng
Snay Pul
Ph. Am Pin
Ca Tum
269
PHNUM PÉNH
Prey Vêng
Phumĭ Chhăeng Chŭmnĭ
Xa Mát
Phumĭ Kâmchay Méa
Tân Biên
Suôi Nu'ó'c Tron
Phumĭ Prêk
Tây Ninh
Ta Khmau
Phumĭ Kampóng
Lò Gò-Sa Mát
PNH

D
E
F
Attapu
Attapu
Ban Phiaha
Ban Tassèng
Virachey Nat. P.
Phleu Leu
Rotanokiri
Virachey
Tampuan Cemetery
Phumĭ Kalai Kala
Ban Lung
Boem Yeak Ioam
Phumĭ Bâ Kêv
Tônle San
Lomphăt
Tônle Srepok
Phumĭ Dŏk Yŏng
Phumĭ Kâoh Mayeul
Phumi Kămpa Du
Phumĭ Bâ Khăm
Đak Hrai
Kon Tum
Chu' Mom Ray National Park
Mo'Rông
Mô Nu
Chu' Pah
PLÂY KU
Dũc Co'
Thăng Dũc
Chu'Prông
Gia Lai
Chu' Sê
Phũ Nhon
Đèo Xuy xê
Mang Yang
Ham Rông
Plây Kêp
Pl. Blang
Ta Uân Xê
Kon Tum
Sa Th'ây
Kon Ho Nông
Đắc Tô
Đ.Công
Tu Mô Rông
Con Bring
Công Du
Kon Đo
Đèo Măng Đen
Ngọc Co' Rinh
Mang Ri
Đac Bô Đr
Chau Khe
Ia H'leo
Ea H'leo
VIỆT NAM
Ea Sup
Ea Ta
DHCM
Bản Đôn
Bản Giang Lan
Yok Don Nat. Park
Cu Ngar
BUÔN MA THUỘT
Krông P
Hòa T
Đắc Lắc
Giang So'n
Krông A Na
Thôn Hai
Lắc
Đ. Krông
Srê Pông
Phumĭ Dong Huŏch
Kaôh Nhèk
Méreuch
Phumĭ Srê Trav
Phumĭ Klâng Khval
Phumĭ Dei Hoy
Chbar
Phumĭ Chbar
Đak Nam
Mondolkiri
Bou Sra Waterfall
Phumĭ Pudit Chrum
Mt. Nam Lea
Senmonorom
Phumĭ Dăk Dăm
Phumĭ Băng Yay
Phumĭ Phnum Krâng
Rang
Sâmraông
Phumĭ Leu
Dũc Manh
Đắc Mil
Đắc Song
Tuy Đú'c
Bù Chét
Đắk Nông
Bù Gia Mập National Park
Bù Đốp
Thanh Hòa
Bom Bo
Công Chánh
Kiến Đú'c
Gia Nghĩa
Tô Lan
Phi Lieng
Lạc
Phú
Đa Đờ'n
Lộc Tân
Lộc Ninh
B R'dang
Phu'ó'c Long
Bù Đăng
Minh Hung
Đù'c Liêu
Cù Rom
Bình Long
Bình Phuoc
Đồng Phú
Thi On Than Cao
Cát Tiên N.P.
50 km
31.1 mi
Bà Là
Tân Thu'o'ng
Lâm Đồng
Bảo Lộc
Di Linh
Đèo Ông Cò
1547
1780
1511
1484
2025
732
1078
1580
1465
1982
1864
14
78
76
20
27
107
179
253
204
13
1
2
3
4
5
6

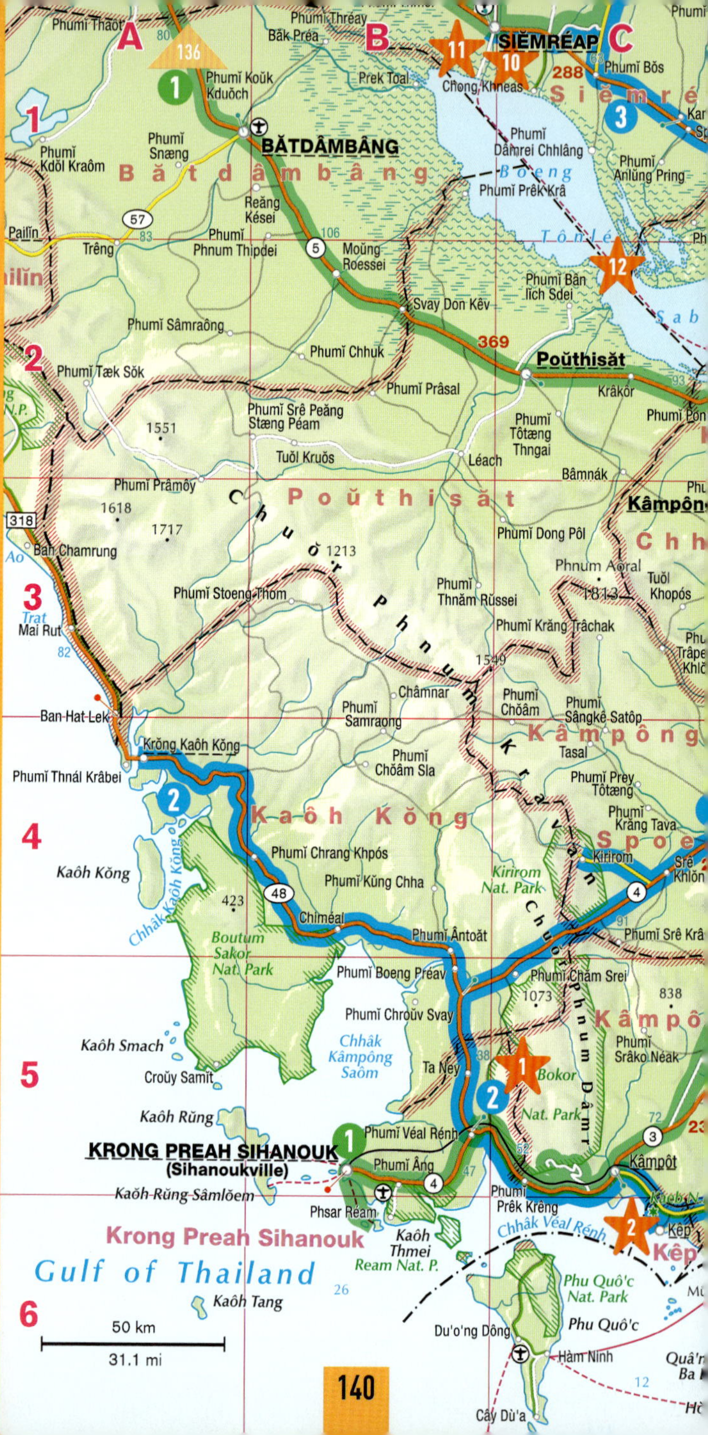

A
B
C
1
2
3
4
5
6
SIĔMRÉAP
BĂTDÂMBÂNG
Băt dâm bâng
Pailĭn
Poŭthisăt
Pou thi săt
Chuŏr Phnum Krâvanh
Kaôh Kŏng
Krŏng Kaôh Kŏng
KRONG PREAH SIHANOUK
(Sihanoukville)
Krong Preah Sihanouk
Gulf of Thailand
Boeng Tônlé Sab
Kâmpóng
Kâmpôt
Kêp
Phu Quô'c
Phu Quô'c Nat. Park
Kirirom Nat. Park
Boutum Sakor Nat. Park
Bokor Nat. Park
Ream Nat. P.
Chhâk Kaôh Kŏng
Chhâk Kâmpóng Saôm
Chhâk Véal Rénh
Phumĭ Thaôt
Phumĭ Thréay
Băk Préa
Phumĭ Koŭk Kduŏch
Prek Toal
Chong Khneas
Phumĭ Bŏs
Phumĭ Kdŏl Kraôm
Phumĭ Snæng
Phumĭ Dâmrei Chhlâng
Phumĭ Anlŭng Pring
Phumĭ Prêk Krâ
Reăng Kései
Trêng
Phumĭ Phnum Thipdei
Moŭng Roessei
Phumĭ Bân lĭch Sdei
Svay Don Kêv
Phumĭ Sâmraông
Phumĭ Chhuk
Phumĭ Tæk Sŏk
Phumĭ Prâsal
Krâkôr
Phumĭ Srê Peăng Stæng Péam
Phumĭ Tôtæng Thngai
Tuŏl Kruŏs
Léach
Bâmnák
Phumĭ Prâmôy
Phumĭ Dong Pôl
Ban Chamrung
Phnum Aôral
Tuŏl Khopós
Phumĭ Stoeng Thom
Phumĭ Thnăm Rŭssei
Phumĭ Krăng Trâchak
Trat
Mai Rut
Chămnar
Phumĭ Choăm
Phumĭ Sângkê Satôp
Ban Hat Lek
Phumĭ Samraong
Tasal
Phumĭ Thnál Krâbei
Phumĭ Choăm Sla
Phumĭ Prey Tôtæng
Phumĭ Krăng Tava
Phumĭ Chrang Khpós
Kirirom
Srê Khlŏn
Phumĭ Kŭng Chha
Chiméal
Phumĭ Ântoăt
Phumĭ Srê Krâ
Phumĭ Boeng Préav
Phumĭ Châm Srei
Phumĭ Chroŭv Svay
Kaôh Smach
Croŭy Samĭt
Ta Ney
Phumĭ Srâko Néak
Kaôh Rŭng
Phumĭ Véal Rénh
Phumĭ Âng
Kaŏh Rŭng Sâmlŏem
Phsar Réam
Phumĭ Prêk Krêng
Kaôh Thmei
Kaôh Tang
Du'o'ng Dông
Hàm Ninh
Cây Dù'a
136
288
369
1551
1618
1717
1213
1813
1549
423
1073
838
50 km
31.1 mi

Prasat Preăh Khăn
D
Vihéar
E
F
Krasăng
138
Rovieng Cheung
62
Phumĭ O Poŭ
Phumĭ Kâmpóng Trâbék
Phumĭ Prêk Preăh
1
Lôvéay
Phumĭ Sala Vichey
157
Klaeng
61
Phumĭ Srê Svay
Sambor Prei Kuk
687
Srê Shov
Mekong
Kâmpông
Kâmpông Thom
Trapeang Veng
Thom
Phumĭ Kruŏs
Khlĕk Khlák
Sâmbor
Ruins
58
286
Sândăn
Irrawady Delphine
Phnom Sâmbŏk
2
Tăng Krâsăng
Phumĭ Dăng Kda
43
Kratie
Phumĭ Thlŏk
Phumĭ Khley
Phumĭ Baray
28
Phnom Santuk
Phumĭ Spoe Tbong
Phumĭ Kântuŏt
7
53
Phumĭ Stæng Kâmbŏt
Kroch Chhmar
Krâcheh
Phumĭ Pèng Méas
Phumĭ Ta Ong
Chhlong
Phumĭ Prâkham
Prey Khmer
Phumĭ Bŏs Khnor
Phumĭ Thmei
35
Phumĭ Miĕn
Phumĭ Kaôh Trêng
Kâmpóng
5
Cham
Tbong Khmum
Kâmpông Cham
58
6
Skun
32
Prey Tŏtoeng
135
Phumĭ Damnak
15
Monastery
3
14
Phumĭ Suŏng
Phumĭ Chŭb
21
Phumĭ Tuŏl Chan
Phumĭ Chihé
Phumĭ Khna
Mémót
Phumĭ Turi
Prey Dâm bâng
22
30
Odŏngk
Phumĭ Prêk Chik
Phumĭ Prêk-Sândêk
Phumĭ Krêk
PHNUM PÉNH
Snay Pul
15
Phumĭ Chhăeng Chumnĭ
269
Ph. Am Pin
Ca Tum
Prey
Xa Mát
Phumĭ Prêk Chrŭk
Phumĭ Chrey
Phumĭ Kâmchay Mea
Tân Biên
Suŏi Nu'ó'c Trong
Prey Vêng
Phumĭ Mébŏn
Phumĭ Kbat Khvet
Phumĭ Kampŏng Trach
Tây Ninh
Siĕm Réap
Ta Khmau
Phumĭ Dei Lo
Lò Gò-Sa Mat Nat. Park
Khe Đon
Ta Prohm
Tonle Bati
Phumĭ Prêk Kŏy
Vêng
Phumĭ Chiphŏch
Phumĭ Trâpeăng Phlŏăn
Châu Thành
22B
986
Du'o'ng
Hoa Thành
Tây Ninh
Phnom Tamao
60
Phumĭ Khsăch Sâ
Phumĭ Prêk Khsay
Suay
Hoa Thành
Ấp Nhì
Phumĭ Trăbei Tram
Phumĭ Khsach Lŭp
Kândal
Phumĭ Cham Kâmpóng Trâbêk
Phumĭ Pôkar
S. Vàm Cỏ Đông
36
Phumĭ Prey Lâvéa
Phumĭ Châk
Bến Cầu
Phnom Chisor
Phumĭ Prêk Thmei
Phumĭ Kaôh Chek
61
228
Takeo
Phumĭ Ka Ok
Suay Riĕng
Ciphu
Gò Dầu
Riĕng
Hiệp Hòa
Phumĭ Kbal Pou
Vĩnh Hu'ng
Đức Huệ
Phumĭ Lŏvéa
5
Takeo
Phú Châu
Hồng Ngự
Tràm Chim Nat. Park
Mộc Hóa
Long An
Tani
Phumĭ Kâmpóng Chrey
30
Thanh Bình
270
Phú Tân
Đồng
VIỆT NAM
Châu Đốc
An Phong
Phumĭ Tŭnlôâp
Nhà Bàng
Tam Nông
Tháp Mu'ò'i
Tân Thạnh
Thủ Th
Cái Đầu
91
716
Chi Lăng
Chợ Mới
Cao Lãnh
Mỹ Trung
Cai Lậy
An Giang
Tháp
1A
Tri Tôn
An Châu
Vĩnh Bình
An Thái Trung
Tiền Giang
Tiên
LONG XUYÊN
Tiền Giang
Kiên Lu'o'ng
Cô Tô
Thanh Hu'ng
80
Cái Bè
Núi Sập
Sa Đéc
Cây Tàu Hạ
Chợ Lách
6
80
Kiên
Thốt Nốt
VĨNH LONG
Long Hồ
Bến Tre
Hòn Đất
Cần Thơ
Hậu Giang
Vũng
Sóc So'n
Tân Hiệp
Vĩnh Long
Mang Thít
Bà Trai
Cây Me
Cây Du'o'ng
RACH GIÁ
Ô Môn
Cái Vồn
CẦN THO'
Vũng Liêm
Vunh Rạch Giá
Thó'i Lai

Tempel von Angkor

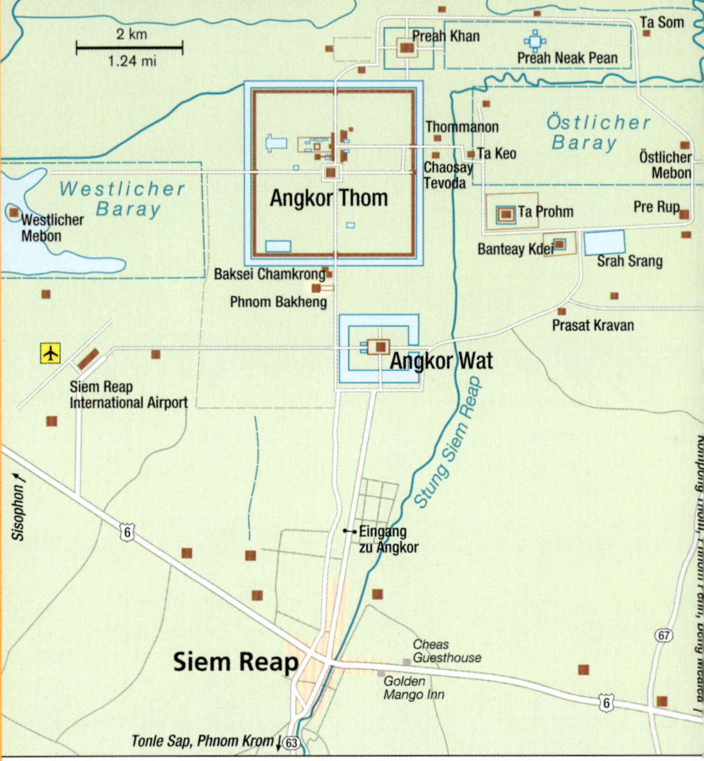

Angkor Wat

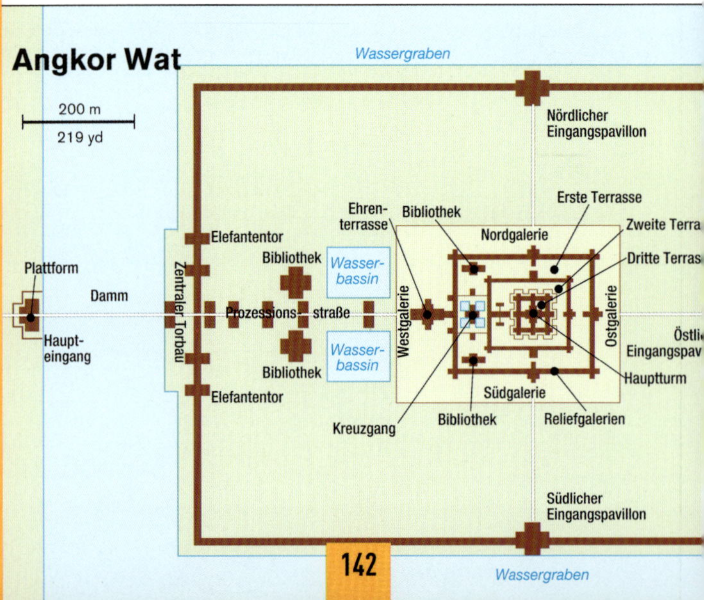

Siem Reap
300 m
328 yd
A
B
C
1
2
3
4
Wat Kesararam
6
Raffles Hotel
Charles de Gaulle Road
Preah Ang Chek
Preah Ang Chorm
Achar Svar St.
Residenz von König Sihamoni
Sawasdee Food Garden
Sivatha Blvd.
Oum Chhay St.
Oum Khun St.
Pokambor Avenue
Stung Siem Reap
Shinta Mani
Wat Bo Road
Achamean St.
Center Market (Phsar Kandal)
Samdech Tep Vong St.
Viroth's Restaurant
Wat Bo
Charcoal Café
Viroth's Hotel
Soria Moria Hotel
Wat Preah Prohm Reat
Night Market
Pub St Alley
Phsar Chas (Old Market)
Achar Svar St.
Angkor Village Hotel
High School Road
Wat Dam Nak
Neak-Mah-Moschee
Stung Siem Reap

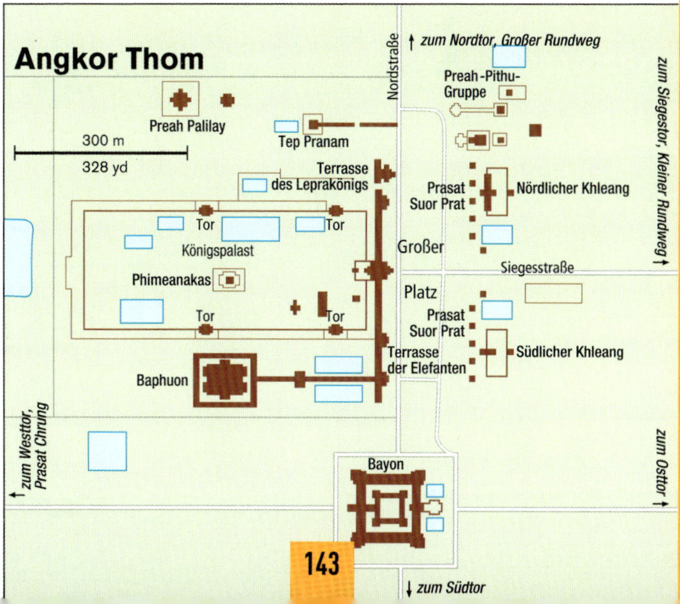
Angkor Thom
300 m
328 yd
Nordstraße
↑ zum Nordtor, Großer Rundweg
Preah Palilay
Preah-Pithu-Gruppe
Tep Pranam
Terrasse des Leprakönigs
Prasat Suor Prat
Nördlicher Khleang
Tor
Tor
Königspalast
Großer Platz
Siegesstraße
Phimeanakas
Tor
Tor
Prasat Suor Prat
Terrasse der Elefanten
Südlicher Khleang
Baphuon
zum Siegestor, Kleiner Rundweg →
← zum Westtor, Prasat Chrung
Bayon
zum Osttor →
↓ zum Südtor

KARTENLEGENDE

Autobahn, mehrspurige Straße - in Bau Highway, multilane divided road - under construction		Autoroute, route à plusieurs voies - en constructio Autosnelweg, weg met meer rijstroken - in aanleg
Fernverkehrsstraße - in Bau Trunk road - under construction		Route à grande circulation - en construction Weg voor interlokaal verkeer - in aanleg
Hauptstraße Principal highway		Route principale Hoofdweg
Nebenstraße Secondary road		Route secondaire Overige verharde wegen
Fahrweg, Piste Practicable road, track		Chemin carrossable, piste Weg, piste
Straßennummerierung Road numbering	E20 11 70 26 5 40 9	Numérotage des routes Wegnummering
Entfernungen in Kilometer Distances in kilometers	259 130 129	Distances en kilomètres Afstand in kilometers
Höhe in Meter - Pass Height in meters - Pass	1365	Altitude en mètres - Col Hoogte in meters - Pas
Eisenbahn - Eisenbahnfähre Railway - Railway ferry		Chemin de fer - Ferry-boat Spoorweg - Spoorpont
Autofähre - Schifffahrtslinie Car ferry - Shipping route		Bac autos - Ligne maritime Autoveer - Scheepvaartlijn
Wichtiger internationaler Flughafen - Flughafen Major international airport - Airport		Aéroport importante international - Aéroport Belangrijke internationale luchthaven - Luchthave
Internationale Grenze - Provinzgrenze International boundary - Province boundary		Frontière internationale - Limite de Province Internationale grens - Provinciale grens
Unbestimmte Grenze Undefined boundary		Frontière d'Etat non définie Rijksgrens onbepaalt
Zeitzonengrenze Time zone boundary	-4h Greenwich Time -3h Greenwich Time	Limite de fuseau horaire Tijdzone-grens
Hauptstadt eines souveränen Staates National capital	MANILA	Capitale nationale Hoofdstad van een souvereine staat
Hauptstadt eines Bundesstaates Federal capital	Kuching	Capitale d'un état fédéral Hoofdstad van een deelstat
Sperrgebiet Restricted area		Zone interdite Verboden gebied
Nationalpark National park		Parc national Nationaal park
Antikes Baudenkmal Ancient monument		Monument antiques Antiek monument
Sehenswertes Kulturdenkmal Interesting cultural monument	Angkor Wat	Monument culturel interéssant Bezienswaardig cultuurmonument
Sehenswertes Naturdenkmal Interesting natural monument	Ha Long Bay	Monument naturel interéssant Bezienswaardig natuurmonument
Brunnen Well		Puits Bron
MARCO POLO Erlebnistour 1 MARCO POLO Discovery Tour 1		MARCO POLO Tour d'aventure 1 MARCO POLO Avontuurlijke Routes 1
MARCO POLO Erlebnistouren MARCO POLO Discovery Tours		MARCO POLO Tours d'aventure MARCO POLO Avontuurlijke Routes
MARCO POLO Highlight	1	MARCO POLO Highlight

FÜR IHRE NÄCHSTE REISE …

ALLE **MARCO POLO** REISEFÜHRER

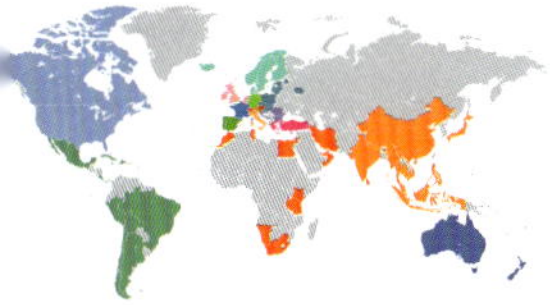

DEUTSCHLAND
Allgäu
Bayerischer Wald
Berlin
Bodensee
Chiemgau/Berchtesgadener Land
Dresden/Sächsische Schweiz
Düsseldorf
Eifel
Erzgebirge/Vogtland
Föhr & Amrum
Franken
Frankfurt
Hamburg
Harz
Heidelberg
Köln
Lausitz/Spreewald/Zittauer Gebirge
Leipzig
Lüneburger Heide/Wendland
Mecklenburgische Seenplatte
Mosel
München
Nordseeküste Schleswig-Holstein
Oberbayern
Ostfriesische Inseln
Ostfriesland/Nordseeküste Niedersachsen/Helgoland
Ostseeküste Mecklenburg-Vorpommern
Ostseeküste Schleswig-Holstein
Pfalz
Potsdam
Rheingau/Wiesbaden
Rügen/Hiddensee/Stralsund
Ruhrgebiet
Schwarzwald
Stuttgart
Sylt
Thüringen
Usedom/Greifswald
Weimar

ÖSTERREICH SCHWEIZ
Kärnten
Österreich
Salzburger Land
Schweiz
Steiermark
Tessin
Tirol
Wien
Zürich

FRANKREICH
Bretagne
Burgund
Côte d'Azur/Monaco
Elsass
Frankreich
Französische Atlantikküste
Korsika
Languedoc-Roussillon
Loire-Tal
Nizza/Antibes/Cannes/Monaco
Normandie
Paris
Provence

ITALIEN MALTA
Apulien
Dolomiten
Elba/Toskanischer Archipel
Emilia-Romagna
Florenz
Gardasee
Golf von Neapel
Ischia
Italien
Italienische Adria
Italien Nord
Italien Süd
Kalabrien
Ligurien/Cinque Terre
Mailand/Lombardei
Malta & Gozo
Oberital. Seen
Piemont/Turin
Rom
Sardinien
Sizilien/Liparische Inseln
Südtirol
Toskana
Venedig
Venetien & Friaul

SPANIEN PORTUGAL
Algarve
Andalusien
Azoren
Barcelona
Baskenland/Bilbao
Costa Blanca
Costa Brava
Costa del Sol/Granada
Fuerteventura
Gran Canaria
Ibiza/Formentera
Jakobsweg Spanien
La Gomera/El Hierro
Lanzarote
La Palma
Lissabon
Madeira
Madrid
Mallorca
Menorca
Portugal
Spanien
Teneriffa

NORDEUROPA
Bornholm
Dänemark
Finnland
Island
Kopenhagen
Norwegen
Oslo
Schweden
Stockholm
Südschweden

WESTEUROPA BENELUX
Amsterdam
Brüssel
Cornwall & Devon
Dublin
Edinburgh
England
Flandern
Irland
Kanalinseln
London
Luxemburg
Niederlande
Niederländische Küste
Oxford
Schottland
Südengland

OSTEUROPA
Baltikum
Budapest
Danzig
Krakau
Masurische Seen
Moskau
Plattensee
Polen
Polnische Ostseeküste/Danzig
Prag
Slowakei
St. Petersburg
Tallinn
Tschechien
Ungarn
Warschau

SÜDOSTEUROPA
Bulgarien
Bulgarische Schwarzmeerküste
Kroatische Küste Dalmatien
Kroatische Küste Istrien/Kvarner
Montenegro
Rumänien
Slowenien

GRIECHENLAND TÜRKEI ZYPERN
Athen
Chalkidikí/Thessaloníki
Griechenland Festland
Griechische Inseln/Ägäis
Istanbul
Korfu
Kos
Kreta
Peloponnes
Rhodos
Sámos
Santorin
Türkei
Türkische Südküste
Türkische Westküste
Zákinthos/Itháki/Kefalloniá/Léfkas
Zypern

NORDAMERIKA
Chicago und die Großen Seen
Florida
Hawai'i
Kalifornien
Kanada
Kanada Ost
Kanada West
Las Vegas
Los Angeles
New York
San Francisco
USA
USA Ost
USA Südstaaten/New Orleans
USA Südwest
USA West
Washington D.C.

MITTEL- UND SÜDAMERIKA
Argentinien
Brasilien
Chile
Costa Rica
Dominikanische Republik
Jamaika
Karibik/Große Antillen
Karibik/Kleine Antillen
Kuba
Mexiko
Peru & Bolivien
Yucatán

AFRIKA UND VORDERER ORIENT
Ägypten
Djerba/Südtunesien
Dubai
Iran
Israel
Jordanien
Kapstadt/Wine Lands/Garden Route
Kapverdische Inseln
Kenia
Marokko
Marrakesch
Namibia
Oman
Rotes Meer & Sinai
Südafrika
Tansania/Sansibar
Tunesien
Vereinigte Arabische Emirate

ASIEN
Bali/Lombok/Gilis
Bangkok
China
Hongkong/Macau
Indien
Indien/Der Süden
Japan
Kambodscha
Ko Samui/Ko Phangan
Krabi/Ko Phi Phi/Ko Lanta/Ko Jum
Malaysia
Myanmar
Nepal
Peking
Philippinen
Phuket
Shanghai
Singapur
Sri Lanka
Thailand
Tokio
Vietnam

INDISCHER OZEAN UND PAZIFIK
Australien
Malediven
Mauritius
Neuseeland
Seychellen

Viele MARCO POLO Reiseführer gibt es auch als eBook – und es kommen ständig neue dazu!
Checken Sie das aktuelle Angebot einfach auf: www.marcopolo.de/e-books

REGISTER

Im Register sind alle in diesem Reiseführer erwähnten Orte, Sehenswürdigkeiten sowie Ausflugsziele verzeichnet. Gefettete Seitenzahlen verweisen auf den Haupteintrag.

Andoung-Tuek-Wasserfall 55
Angkor 16, 25, 56, **57**, 116, 148
Angkor National Museum, Siem Reap 74
Angkor Night Market 76
Angkor Panorama Museum **60**
Angkor Thom 58, **60**, 63
Angkor Wat 31, 57, 58, 59, 60, **62**, 102, 121
Anlong Cheuteal 91, 97
Anlong Svay 91
Bakong 68
Bamboo Island 51
Bamboo Train **73**
Ban Lung **85**, 87, 101, 116
Banteay Kdei 60, 64
Banteay Srei 58, **65**
Banteay Srey Butterfly-Farm 66
Baphuon 61
Baray 107
Battambang 56, 57, **70**, 71, 103, 112, 116, 117, 124, 127, 128, 129
Bayon 58, 59, **60**
Beng Mealea 60, 65, **109**
Bogenbrücke Speam Prap Tos 109
Bokor-Nationalpark 34, **36**, 103, 117
Bonn Choul Chhnam Thmey 120
Bou-Sra-Wasserfall **94**, 100
Brou 87
Buddha 16, 20, 21, 41, 73
Buddha Factory Village Kakaoh 108
Cambodia Land Mine Museum 66
Cardamom-Berge 7, 54, 105, 117
Cha-Ong-Wasserfall 89
Chhoeuteal 73
Choeung Ek 49
Chong Khneas 82, 83
Conservation d`Angkor, Siem Reap 75
Damrei Phong 91
Dom Kalor 97
Eisey Patamak 89
Elefantengebirge 36
Elephant Valley Project 94
Fantastic Water World Phnom Penh **119**
Helikopterflüge Angkor 65
Independence Beach 53
Jarai 87
Kachang-Wasserfall 89, 101
Kambol 115
Kampong Cham 117
Kampong Khleang 83
Kampong Phluk 83
Kampong Thom 109
Kampong Trach 117
Kampot **33**, 34, 103, 112, 117, 124
Katae 88
Katieng-Wasserfall 89
Kbal Spean 65, 67, 68
Kep 33, **37**, 105, 116
Khmer Architecture Tours, Phnom Penh 45
Khmer Loeu 14, 85, **87**, 101
Khone-Phapheng-Wasserfälle 97
Killing Caves 73
Killing Fields 49
Kirirom-Nationalpark 104, 117
Ko-Por-Wasserfall 54
Koh Ker 23, 60, 65, 102, 129
Koh Kon 117
Koh Kong **54**, 105, 117
Koh Krouch 91
Koh Phdau 91, 92
Koh Pos 39
Koh Rong 51
Koh Rong Samloem **51**, 117
Koh Saran 39
Koh Ses 55
Koh Svay 39
Koh Ta kiev **51**
Koh Ta Kiev 103
Koh Tang 117
Koh Thmei 55
Koh Tonsay 39
Koh Trong 90
Koh-Poi-Fluss 54
Koh-S´dach-Archipel 117
Königliche Eisenbahn 112
Königliche Villen, Kep 38
Krala 88
Kratie 84, **90**, 101
Kres 88
Kreung 87, 88
Kroh Preah 91
Kunsthandwerk 31
La Ak 88
La En Kraen 88
Mahendraparvata 67
Mekong 16, 23, 25, 32, 46, **84**, 96, 97, 101, 116, 121, 128, 129
Mekong Blue 97
Minenmuseum 66
Mondulkiri 14, 84, **93**, 118, 126
Mondulkiri Forest 95
Nationalmuseum, Phnom Penh 41, 110
Ochheuteal Beach 50, 53
Otres Beach **53**
O´Chbar-Fluss 95
O'Svay 97
Pailin 129
Peam Krasaop Wildlife Sanctuary 54
Phare Ponleu Selpak (Zirkusschule), Battambang 71
Phnom Bakheng 59, **62**, 64
Phnom Banan 73
Phnom Bok 59
Phnom Bong Khouy 97
Phnom Chisor 106
Phnom Da 106
Phnom Kep 40
Phnom Krapeu 73
Phnom Krom 59, **82**
Phnom Kulen 23, 56, 65, **67**, 129
Phnom Penh 13, 18, 19, 21, 22, 23, 24, 30, 31, 32, **40**, 49, **99**, 104, 107, 110, 112, 115, 117, 120, 124, 125, 126, 127, 128, 129, 148
Phnom Prich Wildlife Sanctuary 95
Phnom Proh 99
Phnom Sampeau 73
Phnom Santuk 108
Phnom Sor 40
Phnom Tamao Zoological Garden 106
Phnom Yak Youk 89
Phnong 93, **94**
Phnong-Dorf Putang 94
Phsar Thmay 45
Phsar Tuol Tom Pong 45
Phu Quoc 39
Pich-Nil-Pass 104
Popok-Vil-Wasserfall 37
Pre Rup 59
Preah Khan 63
Preah Ko 68
Preah Sihanouk 55
Preah Vihear 65, **68**, 129
Preak-Reak-Fluss 55
Prek Toal 82
Putang 94, 100
Radtouren 116
Ratanakiri 14, 84, **85**, 87, 116, 118
Ream-Nationalpark 18, **55**, 117
Roluos-Gruppe **68**
Rote Khmer 13, 14, 17, 23, **24**, 37, 48, 56, 73
Sambor Prei Kuk 108
Sang 73
Sangker-Fluss 71
Santuk-Seidenfarm 108
Sekong 96
Sen Monorom **93**, 100, 116, 124
Serendipity Beach 53
Siem Reap 18, 19, 30, 31, 56, 59, 71, **73**, 102, 109, 114, 115, 116, 117, 119, 124, 125, 126, 127, 128, 148
Siem-Reap-Fluss 82
Sihanoukville 14, 18, 19, 33, **50**, 103, 116, 117, 118, 124, 127, 129, 148
Silberpagode, Phnom Penh 42
Skun 107

Speam Prap Tos (Bogenbrücke) 109
Srah Srang 59
Srepok River Discovery Trail 101
Srepok Wilderness 94
Stung Treng 84, **96**, 101
Sunsetcruise, Phnom Penh 46
Süßwasserdelphine 16, 23, 84, **91**, 97
Ta Keo 63
Ta Prohm 58, 59, 60, **64**, 65
Ta Som 60
Ta-Tai-Wasserfall 54
Takeo 105, 117
Tampuan 87
Tampuan-Friedhof 88
Tek-Chhouu-Stromschnellen 35
Tek-Chhouu-Wasserfall 37
Tonle-Sap-Fluss 16, 32, 41, 46, 120
Tonle-Sap-See 16, 23, 56, 59, 71, **82**, 116, 121, 128
Trapang Sangke Village 112
Tuol Sleng Genocid Museum, Phnom Penh 43
Udong 103
Victory Beach 53
Virachey-Nationalpark 85, **88**, 101, 117
Wandern 117
Wat Bo 75
Wat Botim 20
Wat Khat Takyaram 96
Wat Kirisan 40
Wat Phnom 43
Wat Preah Ang Thom 67
Wat Roka Kandal 90
Wat Sambok 92
Wat Sambour 92, 101
Wat Sampeau Doi Moi 36
West Mebon Tempel 69
Westlicher Baray 69
Yaklom-See 85, **89**

SCHREIBEN SIE UNS!

Egal, was Ihnen Tolles im Urlaub begegnet oder Ihnen auf der Seele brennt, lassen Sie es uns wissen! Ob Lob, Kritik oder Ihr ganz persönlicher Tipp – die MARCO POLO Redaktion freut sich auf Ihre Infos.
Wir setzen alles dran, Ihnen möglichst aktuelle Informationen mit auf die Reise zu geben. Dennoch schleichen sich manchmal Fehler ein – trotz gründlicher Recherche unserer Autoren/innen. Sie haben sicherlich Verständnis, dass der Verlag dafür keine Haftung übernehmen kann.

MARCO POLO Redaktion
MAIRDUMONT
Postfach 31 51
73751 Ostfildern
info@marcopolo.de

IMPRESSUM
Titelbild: Angkor Wat (Getty Images/Image Bank: G. Allison)
Fotos: Courtesy of KlapYaHandz (18 o.); Ecole d'Hôtellerie et de Tourisme Paul Dubrule (19 o.); Getty Images/Image Bank: G. Allison (1 o.); huber-images: J. Banks (58), N. Huber (14/15), Jones (134/135), G. Simeone (64), B. Suzy (56/57); mauritius images: Flüeler (84/85); mauritius images/Alamy (2, 3, 5, 6, 9, 11, 19 u., 22, 26/27, 37, 41, 46, 47, 61, 63, 86, 88, 91, 92, 95, 97, 98/99, 101, 102, 113), O. Lis (69); mauritius images/Imagebroker: J. Beck (10), O. Stadler (53); mauritius images/Photononstop (28 r., 74, 80); mauritius images/United Archives: De Agostini (18 u.); M. Miethig (1 u.); Project AWARE Foundation (18 M.); O. Stadler (Klappe r., 4 o., 28 l., 30/31, 32/33, 50/51, 77, 79, 82/83, 114/115, 116/117, 121, 122 o., 123); M. Thomas (4 u., 12/13, 20/21, 29, 42, 67, 70, 105, 108, 118, 118/119); M. Weigt (Klappe l., 7, 8, 17, 24, 25, 30, 31, 34, 38, 44, 49, 55, 72, 119, 120, 120/121, 122 u.)

4., aktualisierte Auflage 2020

Autorin: Martina Miethig, Redaktion: Christina Sothmann
Im Trend: wunder media, München
Kartografie Reiseatlas: © MAIRDUMONT, Ostfildern; Kartografie Faltkarte: © MAIRDUMONT, Ostfildern
Gestaltung Cover, S. 1, Faltkartencover: Karl Anders – Studio für Brand Profiling, Hamburg; Gestaltung innen: milchhof:atelier, Berlin; Gestaltung S. 2/3, Erlebnistouren: Susan Chaaban Dipl.-Des. (FH)
Sprachführer: in Zusammenarbeit mit Ernst Klett Sprachen GmbH, Stuttgart

Printed in China

BLOSS NICHT

Ein paar Dinge, die Sie in Kambodscha beachten sollten

TAUSEND JAHRE KULTURERBE BEDROHEN

Akzeptieren Sie Fotografierverbote und Absperrungen zum Schutz des kulturellen Erbes Kambodschas. Bei den sandsteinernen Kunstwerken in Angkor und in anderen Ruinenstätten bitte nicht unnötig herumklettern, Rucksäcke anlehnen oder alles anfassen: Tausend Mal berührt – jeden Tag! – schädigt die tausendjährige Substanz. Und bitte keine *echten* antiken Kunstwerke oder Alltagsgegenstände der Ethnien fürs Wohnzimmer zu Hause kaufen.

HALBNACKT HERUMLAUFEN

Respektieren Sie die Landessitten: Kambodscha ist stark buddhistisch geprägt und konservativ. Tempel betritt man auf keinen Fall in Minirock, Trägerhemd oder Shorts (Frauen und Männer), Schuhe vorher ausziehen, Hut abnehmen. Mönche dürfen von Frauen nicht berührt werden. Beim Sonnenbaden gilt: niemals oben ohne oder FKK! Bikini ist am Strand in Sihanoukville okay, aber überall sonst (an Flüssen, Seen, Wasserfällen und nahe Fischerdörfern) sollten Urlauberinnen so „züchtig" baden wie die Einheimischen – in Sarong oder T-Shirt und Shorts.

NACHTS ALLEIN SPAZIEREN GEHEN

Nachts sollte man in Kambodscha nirgendwo allein spazieren gehen (es ist sowieso stockduster mangels Straßenlaternen, und die Hunde – jede kambodschanische Familie besitzt mindestens einen! – sind angriffsfreudig). Frauen sollten nachts keinesfalls allein am Strand flanieren.

KINDERN GELD GEBEN

Auch wenn die Kulleraugen noch so mitleiderregend sind: Geben Sie bettelnden Kindern kein Geld – es handelt sich oft um organisierte Bettelei und ist der Weg in lebenslange Bettlerkarrieren. Spenden Sie lieber einer NGO, besuchen Sie Ausbildungsrestaurants für frühere Straßenkinder (wie *Friends* und *Romdeng* in Phnom Penh) oder das Schulprojekt *Honour Village Cambodia (honourvillage.org)* in Siem Reap. Achtung: Suchen Sie nur offiziell anerkannte Häuser auf, und hören Sie nicht auf Tuktukfahrer, die Ihnen gg. Gebühr einen Besuch in einem „Waisenhaus" vermitteln wollen – die neueste üble Profitmasche mit armen Kindern. Kaufen Sie lieber etwas in humanitären Läden, etwa beim *Cambodian Children Painting Project (CCPP)* in Sihanoukville. Einige NGO: *www.friends-international.org, www.malteser-spenden.de* (Malteser Hilfsdienst, tolle Kinderbroschüre: *Sousdei heißt hallo*)

DROGEN KONSUMIEREN

Entgegen allen Legenden: Marihuana als Rauschmittel ist auch in Kambodscha verboten. Also Hände weg von Drogen jeglicher Art – ob *ganja*, *jaba*, *Happy Herb Special Pizza* mit berauschenden Ingredienzen oder Designerpillen. Es gibt übrigens Berichte über polizeilich inszenierte Deals, und Kokain hat sich hierzulande schon als reinstes Heroin entpuppt ...